Handbuch-Katalog
Rollenmarken Deutschland 1982/83

SCHWANEBERGER VERLAG GMBH · MÜNCHEN

Preisnotierungen

Die Preise beziehen sich ausschließlich auf postfrische Marken. Alle Preisnotierungen sind durchschnittliche DM-Verkaufspreise des Handels und legen auch die Wertverhältnisse der Marken untereinander fest. Gravierende Preisänderungen nach Redaktionsschluß werden in der MICHEL-Rundschau angezeigt.

Als Grundlage für die Ermittlung der Preisnotierungen dienten Unterlagen des Briefmarkenhandels, Arbeitsvorlagen von Sammlern sowie Arbeitsgemeinschaften.

ISBN 3 87858 410 5 A-Ha

Alle Rechte, auch die des auszugsweisen Nachdrucks, der photomechanischen Wiedergabe und der Übersetzung in andere Sprachen, behält sich der Verlag vor
Verwendung der MICHEL-Numerierung in Katalogen, Alben und sonstigen systematischen Briefmarkenverzeichnissen nur mit ausdrücklicher Genehmigung des Verlages
Für Irrtümer, Satz und Druckfehler übernimmt der Verlag keine Gewähr
© 1982 Schwaneberger Verlag GmbH, Muthmannstraße 4, D-8000 München 45
Printed in Germany – Imprimé en Allemagne
Gesamtherstellung: Carl Gerber Grafische Betriebe GmbH, D-8000 München 45

Vorwort

Wiederholt und letztlich immer häufiger wurde von Spezialsammlern von Rollenmarken der Wunsch an uns herangetragen, eine Erweiterung des Rollenmarkenabdruckes im MICHEL-Deutschland-Spezial-Katalog vorzunehmen. Da jedoch eine wirklich tiefgründige Katalogisierung im Rahmen des MICHEL-Deutschland-Spezial-Kataloges nicht durchführbar gewesen wäre, hielten wir es für angebracht, dieses beliebt gewordene Spezialgebiet in einem neuen Handbuch-Katalog zu erfassen.

Das Spezialwerk „MICHEL-Handbuch-Katalog Rollenmarken Deutschland" beinhaltet zunächst das Gebiet der Rollenmarken Bundesrepublik Deutschland und Berlin entsprechend der Vorkommnisse, wozu insbesondere auch die Rollenenden gehören. Diese garantieren, daß auch die letzte Marke dem Automaten entnommen werden kann. Wenngleich die Banderolen und Verschlußteller, Druckzufälligkeiten, Abarten usw. ebenfalls in Spezialsammlungen Aufnahme finden, mußten sie für diesen Katalog zunächst zurückgestellt werden.

Da das Spezialgebiet der Rollenmarken sehr umfangreich ist, sind bei dieser Erstauflage erst einmal die hauptsächlichsten Merkmale festgehalten. Wir werden bemüht sein, bei notwendigen Neuauflagen weitgehendst alle Vorkommnisse im Katalog zu erfassen und bitten diesbezüglich um die Mithilfe aller Katalogbenutzer.

Ihr

SCHWANEBERGER VERLAG

Einführung in das Spezialwerk
MICHEL-Handbuch-Katalog Rollenmarken Deutschland

Allgemein

Im vorliegenden Spezialwerk sind die Rollenmarken Bundesrepublik Deutschland und Berlin in tabellarischer Anordnung erfaßt. Die verwendete Markennumerierung entspricht der der MICHEL-Briefmarkenkataloge Deutschland. Unsere Katalognotierungen gelten für Marken in einwandfreier, postfrischer Qualität. Die katalogisierten Paare, Streifen usw. sind jeweils als ganze Einheit anzusehen. Geknickte Streifen sind entsprechend niedriger zu bewerten. Jedoch sollte ein Wertabzug von 20% nicht überschritten werden.

Keine Preisabzüge rechtfertigen Rollenenden, die im letzten Leerfeld abgeknickt sind bzw. herstellungsbedingt ein Leerfeld aufweisen, das an einer Marke angeklebt war.

Rollenenden, die nur noch aus 3 Leerfeldern bestehen, rechtfertigen nur 60%, Rollenenden aus 2 Leerfeldern nur 35% und aus einem Leerfeld nur 10% des Katalogwertes.

Abbildungen

Die Marken sind in ⅔-Größe abgebildet. Katalogbilder können nicht als Vergleichsmaterial zu Prüfungszwecken herangezogen werden. Die Buchstaben unter den Markenbildern bei den Bildlegenden entsprechen denen der MICHEL-Kataloge Deutschland; sie erleichtern die Orientierung.

Bildbeschreibungen

Die Wörter „rechts" oder „links" bei Bildbeschreibungen beziehen sich immer auf die Vorderseite der vor dem Betrachter liegenden Marke. Dies geschieht auch, wenn es dem eigentlichen Sachverhalt widerspricht; so ist z. B. das auf einer Marke abgebildete Auge eines Menschen körperlich dessen rechtes Auge.

MICHEL-Numerierung

Die Marken sind in den MICHEL-Katalogen innerhalb ihrer Gruppen chronologisch numeriert, einzelne Nachzügler angehängt. Da die Numerierung wie eingangs schon erwähnt, in diesem Spezialwerk aus den MICHEL-Deutschland-Katalogen entnommen wird, weisen die hier erfaßten Rollenmarken keine durchgehende, mit 1 beginnende und lückenlose Numerierung auf. Der einheitlichen MICHEL-Numerierung mußte der Vorzug gegeben werden, um keine Unklarheiten aufkommen zu lassen.

Wertangaben

Aus satztechnischen Gründen sind die Wertbezeichnungen und die Münzbezeichnungen einheitlich abgekürzt angegeben, ohne Berücksichtigung der Schreibweise auf dem betreffenden Postwertzeichen.

Abkürzungen, Zeichenerklärungen und Erläuterungen dazu

EZM	=	Einzelmarke
Lf	=	Leerfeld
R	=	Bestandteil der Numerierung für Rollenmarke
RA	=	Rollenanfang
RE	=	Rollenende
Str	=	Streifen
gNr	=	gerade Zählnummer
oNr	=	ohne Zählnummer
uNr	=	ungerade Zählnummer
g/uNr	=	Streifen mit gerader und ungerader Zählnummer
g/u/gNr	=	Streifen mit gerader Zählnummer am Anfang, ungerader Zählnummer in der Mitte und gerader Zählnummer am Ende
u/g/uNr	=	Streifen mit ungerader Zählnummer am Anfang und Ende und gerader Zählnummer in der Mitte

Römische Ziffern nach arabischen Zahlen bezeichnen Abarten oder Typenverschiedenheiten.

Letzte Kleinbuchstaben des Alphabetes kennzeichnen Gummierungs- bzw. Papierunterschiede.

● = ein Punkt vor Rollengrößenangabe 1000 bedeutet, daß bei diesen Rollen die ungeraden Zählnummern vierstellig sind.

Die arabischen Ziffernangaben 1, 3, 5 oder 11 nach RE bedeuten, daß das Rollenende 1, 3, 5 oder 11 Marken aufweist. Die danach folgende Abkürzung + 4 Lf sagt z. B. aus, daß das Rollenende 4 Leerfelder aufweist.

Rollengrößen 200, 300, 400, 500

Bei diesen Rollen sind die geraden und die ungeraden Zählnummern dreistellig. Die geraden Zählnummern haben die Kennzeichnung als Typ 010, die ungeraden als Typ 005.

Rollengröße 1000

Bei diesen Rollen sind die geraden Zählnummern vierstellig, gekennzeichnet als Typ 010, die ungeraden dreistellig, gekennzeichnet als Typ 005, jedoch nur im Bereich der entsprechenden 200er, 300er, 400er oder 500er Kleinrollen gleichen Wertes. Oberhalb der Kleinrollen ist die Kennzeichnung als Typ 205 bzw. 305 bzw. 405 usf.

Ein Sechserstreifen wird gekennzeichnet als Typ 0010, 005 im Bereich der Kleinrollen, oberhalb der Kleinrollen ist der Sechserstreifen gekennzeichnet als Typ 0010/205 bzw. 0010/305 bzw. 0010/405 usf.

Rollengröße ● 1000

Bei diesen Rollen sind die geraden und die ungeraden Zählnummern vierstellig. Als Kennzeichnung gilt bei den geraden Zählnummern Typ 0010, bei den ungeraden Zählnummern Typ 0005.

Einzelmarken

Gibt es z. B. von einem Wert eine 400er und 1000er Rolle, so gilt, wie schon eingangs erwähnt, daß die ungeraden Zählnummern der 1000er Rolle im Bereich zwischen 405 und 995 liegen müssen, folglich Typ 405.

Dreier- und Fünferstreifen

Hier gilt für die Zählnummern das gleiche wie bei den Einzelmarken. Ob sich nun die Zählnummern am Anfang, in der Mitte oder am Ende eines Streifens befinden, ist unbedeutend. Es sollte jedoch versucht werden, innerhalb einer Serie alle Streifen mit gleicher Nummernstellung zu sammeln.

Sechserstreifen

Hier ist es unbedeutend, ob sich die gerade Zählnummer am Anfang oder am Ende des Streifens befindet. Innerhalb einer Serie sollte versucht werden, alle Sechserstreifen mit der geraden Zählnummer am Anfang oder am Ende zu sammeln.

Elferstreifen

Hier gilt sinngemäß das gleiche wie beim Sechserstreifen. Gerade Zählnummer am Anfang und am Ende, ungerade Zählnummer in der Mitte im Bereich der Rollen 200, 300, 400 oder 500 auch als Typ 010/005/010 gekennzeichnet. Oberhalb der Kleinrollen auch als Typ 0010/205/0010 bzw. 0010/305/0010 bzw. 0010/405/0010 bzw. 0010/505/0010. Bei den Rollen ● 1000 gilt die Kennzeichnung als Typ 0010/0005/0010. Bei einem Elferstreifen mit ungerader Zählnummer am Anfang und am Ende und mit gerader Zählnummer in der Mitte gilt sinngemäß die Kennzeichnung als Typ 005/0010/005. Oberhalb der Kleinrollen gilt die Kennzeichnung Typ 205/0010/205 bzw. 305/0010/305 bzw. 405/0010/405 bzw. 505/0010/505.

Elferstreifen mit nur zwei Zählnummern sind um 20 % niedriger zu bewerten als die Elferstreifen mit 3 Zählnummern.

Paare mit Ausgleichszähnung

Bis 1974 wurden in einem Druckvorgang 11 hintereinanderliegende Marken auf einer Breite von 10 Marken gleichzeitig gedruckt. So ergab sich hinter jeder 11. Marke ein Korrekturausgleich, wobei entsprechend der Korrektur breite oder spitze Zähne auftraten.

Durch Aufstellen einer neuen Druckmaschine im Oktober 1974 wurden nun die Marken auch in dem sogenannten Zehnerschlag hergestellt, das heißt, Korrekturzähne können seitdem auch hinter jeder 10. Marke auftreten.

Im allgemeinen befindet sich ein solcher breiter oder spitzer Korrekturzahn am Markenunterrand. In einigen Fällen kommt aber auch der Korrekturzahn am Markenoberrand vor (vgl. Abb. 1 bis 4). Bei den Paaren mit Ausgleichszähnung kommt es auch vor, daß gleichzeitig eine versetzte Zähnung vorhanden ist (vgl. Abb. 5). Es gibt aber auch Paare mit versetzter Zähnung, bei denen kein Korrekturzahn zu erkennen ist (vgl. Abb. 6). Von der Bewertung her ist es gleich, ob sich bei den Paaren mit Ausgleichszähnung die Zählnummern auf der zahnkorrigierten Marke oder daneben befindet.

Die nichtbewerteten, freigelassenen Felder besagen, daß diese Werte bisher noch nicht vorgelegen haben.

Abb. 1   Pärchen mit breitem Ausgleichszahn am Markenunterrand

Abb. 2   Pärchen mit spitzem Ausgleichszahn am Markenunterrand

Abb. 3   Pärchen mit breitem Ausgleichszahn am Markenoberrand

Abb. 4   Pärchen mit spitzem Ausgleichszahn am Markenoberrand

Abb. 5   Pärchen mit breitem Ausgleichszahn und versetzter Zähnung

Abb. 6   Pärchen mit versetzter Zähnung

Einführung

Rollenenden

Die Rollenenden bestehen aus vier briefmarkengroßen, nichtbedruckten Leerfeldern und einem ca. 10 mm langen fünften Leerfeld, welches auf das Ende der letzten Briefmarke aufgeklebt wird.

Diese Rollenenden gewährleisten, daß auch die letzte Marke einer Rolle dem Automaten entnommen werden kann. Dann schaltet das Gerät ab.

Bis zur Ausgabe der Serie „Bedeutende Deutsche" wurden Rollen mit Rollenenden hergestellt, die zum Teil mit dem Abdruck des Bundesadlers in roter Stempelfarbe versehen waren.

Nach dem Herstellen der Rollen wurden diese mit einer Banderole „verschlossen". Schließlich wurde ein ca. 8 mm breiter Papierstreifen wie im Ring über die Banderole und durch die Rolle durchgezogen und verklebt. Von innen wurde dann als letztes der Stempel über diesen Papierring aufgedruckt. Da dieser Stempel breiter war als der 8 mm breite Papierstreifen, ergab sich links und rechts von dem Bändchen der Stempelabdruck auf die Leerfeldern. Bei zentrischem Aufdruck konnte man somit die linke Hälfte und rechte Hälfte des Adlerflügels erkennen.

Es gab aber auch Rollen, in die zum Schutz der Rollenenden ein briefmarkenbreiter Pappstreifen in die Rolle zusätzlich eingelegt wurde. Ein Abdruck des Adlerstempels auf die Leerfelder blieb somit aus.

Da die Beschaffenheit der Rollenenden bei der Herstellung eine untergeordnete Position einnehmen, treten gerade hier wesentliche Farbvarianten auf. Auch die Papiersorten sind zum Teil unterschiedlich. Nachstehend sind die verschiedenen Leerfeldvarianten der Ausgabe „Burgen und Schlösser" näher beschrieben.

Rollenenden mit der Leerfeldfarbe Türkis

wurden erstmals bei der Ausgabe der Serie „Bedeutende Deutsche" verwendet. Bei den Ausgaben „Bauwerke" und insbesondere „Brandenburger Tor" waren diese Rollenenden die meist verwendetsten. Bei den Ausgaben der Serien „Unfallverhütung" und „Burgen und Schlösser" wurden diese nur noch vereinzelt bei einigen Werten verwendet. Die Vorderseite ist eher als ganz wenig fasrig zu bezeichnen, die Rückseite hat eine hochglänzende Dextringummierung, die vom türkisen bis zum Teil schon fast gelblichen Farbton schwankt.

Rollenenden mit der Leerfeldfarbe Grün (dextrin)

wurden erstmals bei den späteren Auflagen der Ausgabe „Brandenburger Tor" verwendet. Bei der Ausgabe „Unfallverhütung" wurde es zum gebräuchlichsten Rollenende. Bei der Ausgabe der Serie „Burgen und Schlösser" noch stärker verwendet, kam es bei den weiteren Auflagen kaum noch vor.

Die Vorderseite ist vom Farbton her ähnlich dem Hellgrün des „MICHEL-Farbenführers", die Rückseite im gleichen Farbton hat ebenfalls eine hochglänzende Dextringummierung.

Rollenenden mit der Leerfeldfarbe Grün (mit Planatolgummierung)

wurden erstmals ca. Mitte 1974 verwendet und können somit bei den Werten der Ausgabe der Serie „Unfallverhütung" nicht vorkommen, die letztmalig vor Mitte 1974 gedruckt wurden. Das Vorkommen bei der Ausgabe der Serie „Burgen und Schlösser" ähnlich dem Leerfeldgrün (dextrin). Es unterscheidet sich darin, daß die Oberflächenstruktur der Rückseite matt und stumpf ist.

Rollenenden mit der Leerfeldfarbe Helltürkis

wurden erstmals ca. Mitte bis Ende November 1974 verwendet. Waren die gebräuchlichsten Rollenenden bei der Ausgabe der Serie „Burgen und Schlösser", alte Fluoreszenz. Seit der Verwendung einer geänderten Fluoreszenz wesentlich seltener. Die Vorderseite ist ganz glatt, die Rückseite etwas matt glänzend. Das Papier ist wesentlich dünner als das Papier des türkisen Rollenendes.

Rollenenden mit der Leerfeldfarbe Gelbtürkis

wurden erstmals ca. Februar 1980 verwendet und sind bei der Ausgabe der Serie „Burgen und Schlösser" bei den Auflagen in geänderter Fluoreszenz die gebräuchlichsten Rollenenden.

Die Oberfläche der Vorderseite ähnelt eher dem türkisen Rollenende. Die Oberfläche der Rückseite hat eine etwas gebrochene glitzrige Struktur. Der wesentliche Unterschied gegenüber dem helltürkisen Rollenende besteht darin, daß das Rollenende unter der UV-Lampe völlig dunkel bleibt, während das helltürkise Rollenende punkt- und fadenförmig fluoresziert.

Amtliche Flickstellen

Die Flickstellen entstehen bei der Herstellung der Rollen in der Bundesdruckerei. Eine Flickstelle ergibt sich zum Beispiel, wenn die Rollenbahn reißt oder eine Rollenbahn zu Ende ist und eine neue Rollenbahn angefügt wird.

Es werden dann die beiden Markenenden mit einem ca. 15 mm breiten Papierstreifen auf der Rückseite zusammengeklebt. Diese Rollen werden dann zum Schluß nicht mit einem weißen, sondern mit einem roten „Bändchen" umschnürt, das aussagen soll, daß sich in dieser Rolle eine Flickstelle befindet und somit nur über die Handschalterwertzeichengeber verwendet werden dürfen, da die Flickstelle in einem Automaten eine Störung hervorrufen würde.

In allen Stangen, in denen sich solche Rollen befinden, werden bedruckte Papierstreifen eingelegt (vgl. Abb. 7).

Abb. 7

Rollen mit rotem Streifen
Nur für Hand-Schalterwertzeichengeber zu verwenden

Bundesrepublik Deutschland

1951. Freim.-Ausg. Posthorn

ad) Ziffer mit Posthorn

Posthorn – Streifen, Paare mit Ausgleichszähnung

MiNr.	Wert Pfg.		Farbe der Wertzeichen	Rollengröße	11er-Streifen	Paare mit Ausgleichszähnung; ohne rückseitige Zählnummern			
						am oberen Markenrand		am unteren Markenrand	
						spitzer Zahn	breiter Zahn	spitzer Zahn	breiter Zahn
124	R.	4	braunocker	500	1200.—	290.—	210.—	350.—	270.—
128	R.	10	d'bläul'grün	500	1500.—	390.—	340.—	680.—	620.—
130	R.	20	karmin	500	950.—	230.—	180.—	560.—	530.—

Posthorn – RE 11+4 Lf, 5+4 Lf und 1+4 Lf

MiNr.	Wert Pfg.		Farbe der Wertzeichen	Rollengröße	RE mit geriffelter Gummierung und rotem Adlerstempel; ohne rückseitige Zählnummern			
					Leerfelder am oberen Markenrand		Leerfelder am unteren Markenrand	
					RE 11 + 4 Lf		RE 11 + 4 Lf	
					dunkelgraugrün	gelbgraugrün	dunkelgraugrün	gelbgraugrün
124	R.	4	braunocker	500	5200.—	5400.—	5600.—	5800.—
128	R.	10	d'bläul'grün	500	6400.—	6800.—	7100.—	7500.—
130	R.	20	karmin	500	4100.—	4600.—	4100.—	4600.—
					RE 5 + 4 Lf		RE 5 + 4 Lf	
124	R.	4	braunocker	500	3650.—	3780.—	3900.—	4100.—
128	R.	10	d'bläul'grün	500	4450.—	4750.—	4900.—	5250.—
130	R.	20	karmin	500	2850.—	3200.—	2850.—	3200.—
					RE 1 + 4 Lf		RE 1 + 4 Lf	
124	R.	4	braunocker	500	430.—	450.—	460.—	490.—
128	R.	10	d'bläul'grün	500	530.—	570.—	580.—	630.—
130	R.	20	karmin	500	340.—	380.—	340.—	380.—

Auflagen: Nr. 124 = 526 300, Nr. 128 = 1 021 000, Nr. 130 = 403 400 Rollen.   Gültig bis 31. 12. 1954.

1954. Freim.-Ausg. Bundespräsident Heuss (I)

bt

bu

bt) Markengröße I   21,5 x 25,5 mm
bu) Markengröße II 23   x 27,3 mm

Heuss I – Streifen, Paare mit Ausgleichszähnung

MiNr.	Wert Pfg.	Farbe der Wertzeichen	Rollen- größe	11er Streifen	Paare mit Ausgleichszähnung ohne rückseitige Zählnummern			
					am oberen Markenrand		am unteren Markenrand	
					spitzer Zahn	breiter Zahn	spitzer Zahn	breiter Zahn
178 v R.	4	h'or'braun	500	25.—			36.—	19.—
178 w R.	4		500	30.—	65.—	35.—	23.—	13.—
179 v R.	5	rötl'lila bis dkl'rötl'lila	1000	55.—			19.—	9.—
181 v R.	7	blaugrün	500	65.—			42.—	25.—
			1000					
183 v R.	10	grün	500	250.—			115.—	90.—
185 v R.	20	karminrot	500	160.—			69.—	49.—
			1000					
188 v R.	40	dkl'rötl'lila	1000	320.—	240.—	130.—		
188 w R.	40		1000	550.—	390.—	210.—		
191 v R.	70	hellbr'oliv	1000	800.—	730.—	390.—		
191 w R.	70		1000	1200.—	920.—	490.—		

Heuss I – RE 1+4 Lf, ohne und mit rotem Adlerstempel

MiNr.	Wert Pfg.	Farbe der Wertzeichen	Rollen- größe	Leerfelder ohne roten Adlerstempel; ohne rückseitige Zählnummern				Leerfelder mit rotem Adlerstempel; ohne rückseitige Zählnummern		
				RE 1 + 4 Lf				RE 1 + 4 Lf		
				Lf geriffelte Gummierung			glatte Gummier.	geriffelte Gummierung		glatte Gummier.
				dkl'gr'grün	glb'gr'grün	grau	grau	glb'gr'grün	grau	grau
178 v R.	4	h'or'braun	500	13.—	16.—	18.—		19.—	17.—	
178 w R.	4		500	16.—		14.—				
179 v R.	5	rötl'lila bis dkl'rötl'lila	1000	17.—		15.—	20.—	22.—	21.—	
181 v R.	7	blaugrün	500	18.—		18.—		27.—		29.—
			1000							
183 v R.	10	grün	500	110.—	110.—	92.—		126.—		
185 v R.	20	karminrot	500	80.—	80.—	70.—		110.—	100.—	
			1000							
188 v R.	40	dkl'rötl'lila	1000	130.—	120.—	120.—		150.—		
188 w R.	40		1000	160.—	160.—			180.—		
191 v R.	70	h'braunoliv	1000	230.—		230.—		260.—		
191 w R.	70		1000		270.—	270.—		300.—		

Bundesrepublik Deutschland

Heuss I – RE 5+4 Lf, ohne und mit rotem Adlerstempel

MiNr.	Wert Pfg.	Farbe der Wertzeichen	Rollen-größe	Leerfelder ohne roten Adlerstempel; ohne rückseitige Zählnummern RE 5 + 4 Lf				Leerfelder mit rotem Adlerstempel; ohne rückseitige Zählnummern RE 5 + 4 Lf		
				Lf geriffelte Gummierung			glatte Gummier.	geriffelte Gummierung		glatte Gummier.
				dkl'gr'grün	glb'gr'grün	grau	grau	glb'gr'grün	grau	grau
178 v R.	4	h'or'braun	500	110.—	130.—	150.—		160.—	145.—	
178 w R.	4		500	130.—		120.—				
179 v R.	5	röt'lila bis dkl'röt'lila	1000	140.—		125.—	170.—	185.—	175.—	
181 v R.	7	blaugrün	500 / 1000	150.—		150.—		225.—		245.—
183 v R.	10	grün	500	910.—	910.—	770.—		1050.—		
185 v R.	20	karminrot	500 / 1000	660.—	660.—	590.—		910.—	840.—	
188 v R.	40	dkl'röt'lila	1000	1100.—	980.—	980.—		1260.—		
188 w R.	40		1000	1300.—	1300.—			1500.—		
191 v R.	70	h'braunoliv	1000	1950.—		1950.—		2150.—		
191 w R.	70		1000		2240.—	2240.—		2500.—		

Heuss I – RE 11+4 Lf, ohne und mit rotem Adlerstempel

MiNr.	Wert Pfg.	Farbe der Wertzeichen	Rollen-größe	Leerfelder ohne roten Adlerstempel; ohne rückseitige Zählnummern RE 11 + 4 Lf				Leerfelder mit rotem Adlerstempel; ohne rückseitige Zählnummern RE 11 + 4 Lf		
				Lf geriffelte Gummierung			glatte Gummier.	geriffelte Gummierung		glatte Gummier.
				dkl'gr'grün	glb'gr'grün	grau	grau	glb'gr'grün	grau	grau
178 v R.	4	h'or'braun	500	160.—	190.—	220.—		230.—	210.—	
178 w R.	4		500	190.—		170.—				
179 v R.	5	röt'lila bis dkl'röt'lila	1000	200.—		180.—	240.—	270.—	250.—	
181 v R.	7	blaugrün	500 / 1000	210.—		210.—		320.—		350.—
183 v R.	10	grün	500	1300.—	1300.—	1100.—		1500.—		
185 v R.	20	karminrot	500 / 1000	950.—	950.—	850.—		1300.—	1200.—	
188 v R.	40	dkl'röt'lila	1000	1600.—	1400.—	1400.—		1800.—		
188 w R.	40		1000	1900.—	1900.—			2150.—		
191 v R.	70	h'braunoliv	1000	2800.—		2800.—		3100.—		
191 w R.	70		1000		3200.—	3200.—		3600.—		

Heuss I – Einzelmarken, Streifen und Rollenanfänge

MiNr.	Wert Pfg.	Farbe der Wertzeichen	Rollen- größe	Einzelmarke		3er Streifen		5er Streifen		6er Str.	11er Streifen		RA		
				mit g.Nr.	mit u.Nr.	mit g.Nr.	mit u.Nr.	mit g.Nr.	mit u.Nr.	mit g./u.	mit g/u/g	mit u/g/u	als EZM	als 6erStr.	als 11erStr.
179 v R.	5	rötl'lila – dkl'rötl'lila	1000	5.–	3.–	10.–	7.–	13.–	9.–	25.–	45.–	37.–	60.–	90.–	140.–
			●1000		6.–		14.–		20.–	40.–	60.–	70.–		100.–	160.–
179 w R.	5		1000	220.–	220.–	370.–	370.–	480.–	480.–	750.–	1300.–	1300.–	1400.–	1950.–	2500.–
181 v R.	7	blaugrün	●1000	9.–	9.–	18.–	18.–	25.–	25.–	40.–	80.–	80.–	95.–	140.–	210.–
181 w R.	7		1000	8.–	8.–	15.–	15.–	20.–	20.–	30.–	60.–	60.–	80.–	130.–	190.–
			●1000		20.–		40.–		55.–	70.–	110.–	150.–		190.–	260.–
183 v R.	10	grün	500	150.–	130.–	350.–	310.–	480.–	420.–	630.–	1200.–	1100.–	850.–	1400.–	2050.–
			1000	110.–		260.–		340.–					950.–		
			●1000		90.–		210.–		270.–	480.–	940.–	870.–		1400.–	1900.–
183 w R.	10		500	120.–	50.–	290.–	110.–	390.–	150.–	450.–	950.–	700.–	750.–	1100.–	1650.–
			1000	60.–	60.–	130.–	130.–	180.–	180.–	260.–	490.–	490.–	550.–	880.–	1150.–
			●1000		85.–		185.–			260.–	350.–	610.–	700.–		950.–	1250.–
184 v R.	15	dkl'blau – preußischbl.	●1000	21.–	21.–	45.–	45.–	65.–	65.–	95.–	180.–	180.–	190.–	270.–	380.–
184 w R.	15		1000	15.–	15.–	35.–	35.–	45.–	45.–	70.–	135.–	135.–	140.–	220.–	290.–
			●1000		25.–		55.–		75.–	110.–	185.–	220.–		250.–	350.–
185 v R.	20	karminrot	●1000	90.–	90.–	250.–	250.–	370.–	370.–	510.–	980.–	980.–	880.–	1350.–	1850.–
185 w R.	20		1000	70.–	120.–	170.–	250.–	230.–	320.–	460.–	820.–	920.–	650.–	1100.–	1600.–
			●1000		70.–		170.–		230.–	320.–	660.–	660.–		1000.–	1350.–
186 v R.	25	kar'braun	●1000	30.–	30.–	85.–	85.–	120.–	120.–	170.–	320.–	320.–	280.–	480.–	650.–
186 w R.	25		1000	22.–	22.–	40.–	40.–	50.–	50.–	80.–	150.–	150.–	210.–	280.–	350.–
			●1000		35.–		65.–			80.–	120.–	210.–	250.–		350.–	470.–

Heuss I – Paare mit Ausgleichszähnung

MiNr.	Wert Pfg.	Farbe der Wertzeichen	Rollen- größe	Paare mit Ausgleichszähnung							
				am unteren Markenrand				am oberen Markenrand			
				spitzer Zahn		breiter Zahn		spitzer Zahn		breiter Zahn	
				o. Nr.	mit g.Nr.	mit u.Nr.	o. Nr.	mit g.Nr.	mit u.Nr.	o. Nr.	mit g.Nr.	mit u.Nr.	o. Nr.	mit g.Nr.	mit u.Nr.
179 v R.	5	rötl'lila bis dkl'rötl'lila	1000	36.–	55.–	52.–	19.–	28.–	26.–				
			●1000			65.–			30.–				
179 w R.	5		1000	310.–	480.–	480.–	160.–	260.–	260.–				
181 v R.	7	blaugrün	●1000	39.–	47.–	47.–	23.–	30.–	30.–				
181 w R.	7		1000	26.–	35.–	32.–	18.–	25.–	23.–				
			●1000			90.–			65.–				
183 v R.	10	grün	500		260.–	230.–		190.–	160.–				
			1000	155.–	190.–		95.–	140.–					
			●1000			190.–			140.–				
183 w R.	10		500		170.–	150.–		130.–	110.–				
			1000	95.–	130.–	160.–	60.–	95.–	120.–				
			●1000			130.–			95.–				

Heuss I – Paare mit Ausgleichszähnung (Fortsetzung)

MiNr.	Wert Pfg.	Farbe der Wertzeichen	Rollen-größe	Paare mit Ausgleichszähnung											
				am unteren Markenrand						am oberen Markenrand					
				spitzer Zahn			breiter Zahn			spitzer Zahn			breiter Zahn		
				o. Nr.	mit g. Nr.	mit u. Nr.	o. Nr.	mit g. Nr.	mit u. Nr.	o. Nr.	mit g. Nr.	mit u. Nr.	o. Nr.	mit g. Nr.	mit u. Nr.
184 v R.	15	dkl'blau bis preuß'blau	● 1000	70.–	100.–	100.–	45.–	63.–	63.–						
184 w R.	15		1000	57.–	67.–	67.–	30.–	46.–	46.–						
			● 1000			160.–			110.–						
185 v R.	20	karminrot	● 1000	65.–	95.–	95.–	45.–	65.–	65.–						
185 w R.	20		1000	45.–	66.–	120.–	30.–	45.–	80.–						
			● 1000			66.–			45.–						
186 v R.	25	karminbraun	● 1000	68.–	95.–	95.–	49.–	69.–	69.–						
186 w R.	25		1000	38.–	75.–	70.–	31.–	44.–	40.–						
			● 1000			140.–			85.–						

Heuss I – RE 1+4 Lf mit rotem Adlerstempel

MiNr.	Wert Pfg.	Farbe der Wertzeichen	Rollen-größe	Leerfelder mit rotem Adlerstempel			
				RE 1 + 4 Lf			
				geriffelte Gummierung		glatte Gummierung	
				graugrün	grau	grau	dunkelgelb
179 v R.	5	rötl'lila bis dkl'rötl'lila	1000		35.—	30.—	32.—
			● 1000				
179 w R.	5		1000		370.—	370.—	370.—
181 v R.	7	blaugrün	● 1000	54.—	45.—	40.—	40.—
181 w R.	7		1000		45.—	40.—	40.—
			● 1000				
183 v R.	10	grün	500	330.—	250.—	250.—	270.—
			1000				
			● 1000				
183 w R.	10		500		220.—	220.—	240.—
			1000				
			● 1000				
184 v R.	15	dkl'blau- bis preuß'blau	● 1000		90.—	80.—	85.—
184 w R.	15		1000		70.—	60.—	65.—
			● 1000				
185 v R.	20	karminrot	● 1000		250.—	235.—	240.—
185 w R.	20		1000		220.—	200.—	210.—
			● 1000				
186 v R.	25	karminbraun	● 1000		170.—	150.—	160.—
186 w R.	25		1000		90.—	75.—	80.—
			● 1000				

Bundesrepublik Deutschland

Heuss I – RE 5+4 Lf mit rotem Adlerstempel

MiNr.	Wert Pfg.	Farbe der Wertzeichen	Rollen- größe	Leerfelder mit rotem Adlerstempel RE 5 + 4 Lf			
				geriffelte Gummierung		glatte Gummierung	
				graugrün	grau	grau	dunkelgelb
179 v R.	5	rötl'lila- dkl'rötl'lila	1000		315.—	270.—	290.—
			● 1000		360.—	310.—	330.—
179 w R.	5		1000		3150.—	3150.—	3150.—
181 v R.	7	blaugrün	● 1000	450.—	400.—	360.—	360.—
181 w R.	7		1000		380.—	340.—	340.—
			● 1000		500.—	450.—	450.—
183 v R.	10	grün	500	2800.—	2240.—	2240.—	2240.—
			1000				
			● 1000		2100.—	2100.—	2310.—
183 w R.	10		500		1900.—	1900.—	2000.—
			1000				
			● 1000		2170.—	2170.—	2310.—
184 v R.	15	dkl'blau- preuß'blau	● 1000		770.—	660.—	690.—
184 w R.	15		1000		610.—	520.—	550.—
			● 1000		700.—	590.—	560.—
185 v R.	20	karminrot	● 1000		2100.—	1960.—	2030.—
185 w R.	20		1000		1960.—	1820.—	1890.—
			● 1000		1820.—	1680.—	1750.—
186 v R.	25	karminbraun	● 1000		1400.—	1260.—	1330.—
186 w R.	25		1000		770.—	630.—	660.—
			● 1000		1120.—	910.—	960.—

Heuss I – RE 11+4 Lf mit rotem Adlerstempel

MiNr.	Wert Pfg.	Farbe der Wertzeichen	Rollen- größe	Leerfelder mit rotem Adlerstempel RE 11 + 4 Lf			
				geriffelte Gummierung		glatte Gummierung	
				graugrün	grau	grau	dunkelgelb
179 v R.	5	rötl'lila- dkl'rötl'lila	1000		450.—	390.—	420.—
			● 1000		510.—	450.—	470.—
179 w R.	5		1000		4500.—	4500.—	4500.—
181 v R.	7	blaugrün	● 1000	650.—	580.—	520.—	520.—
181 w R.	7		1000		540.—	480.—	480.—
			● 1000		720.—	650.—	650.—
183 v R.	10	grün	500	4100.—	4100.—	4100.—	4100.—
			1000				
			● 1000		3000.—	3000.—	3100.—
183 w R.	10		500		3400.—	3400.—	3600.—
			1000		2800.—	2800.—	2900.—
			● 1000		3100.—	3100.—	3300.—

Heuss I – RE 11+4 Lf mit rotem Adlerstempel (Fortsetzung)

MiNr.	Wert Pfg.	Farbe der Wertzeichen	Rollen- größe	Leerfelder mit rotem Adlerstempel RE 11 + 4 Lf			
				geriffelte Gummierung		glatte Gummierung	
				graugrün	grau	grau	dunkelgelb
184 v R.	15	dkl'blau– preuß'blau	● 1000		1100.—	950.—	980.—
184 w R.	15		1000		880.—	750.—	790.—
			● 1000		1000.—	850.—	800.—
185 v R.	20	karminrot	● 1000		3000.—	2800.—	2900.—
185 w R.	20		1000		2800.—	2600.—	2700.—
			● 1000		2600.—	2400.—	2500.—
186 v R.	25	karminbraun	● 1000		2000.—	1800.—	1900.—
186 w R.	25		1000		1100.—	900.—	950.—
			● 1000		1600.—	1300.—	1380.—

Heuss I – RE 1+4 Lf ohne roten Adlerstempel

MiNr.	Wert Pfg.	Farbe der Wertzeichen	Rollen- größe	Leerfelder ohne roten Adlerstempel RE 1 + 4 Lf			
				geriffelte Gummierung		glatte Gummierung	
				graugrün	grau	grau	dunkelgelb
179 v R.	5	rötl'lila– dkl'rötl'lila	1000		35.—		
			● 1000				
179 w R.	5		1000				
181 v R.	7	blaugrün	● 1000				
181 w R.	7		1000				
			● 1000				
183 v R.	10	grün	500				
			1000		330.—		
			● 1000				
183 w R.	10		500				
			1000				
			● 1000				
184 v R.	15	dkl'blau– preuß'blau	● 1000		130.—		
184 w R.	15		1000				
			● 1000				
185 v R.	20	karminrot	● 1000				
185 w R.	20		1000				
			● 1000				
186 v R.	25	karminbraun	● 1000				
186 w R.	25		1000				
			● 1000				

Heuss I – RE 5+4 Lf ohne roten Adlerstempel

MiNr.	Wert Pfg.	Farbe der Wertzeichen	Rollen-größe	Leerfelder ohne roten Adlerstempel RE 5 + 4 Lf			
				geriffelte Gummierung		glatte Gummierung	
				graugrün	grau	grau	dunkelgelb
179 v R.	5	rötl'lila-dkl'rötl'lila	1000				
			●1000		290.—		
179 w R.	5		1000				
181 v R.	7	blaugrün	●1000				
			1000				
181 w R.	7		●1000				
183 v R.	10	grün	500				
			1000				
			●1000		1960.—		
183 w R.	10		500				
			1000				
			●1000				
184 v R.	15	dkl'blau-preuß'blau	●1000		770.—		
			1000				
184 w R.	15		●1000				
185 v R.	20	karminrot	●1000				
185 w R.	20		1000				
			●1000				
186 v R.	25	karminbraun	●1000				
186 w R.	25		1000				
			●1000				

Heuss I – RE 11+4 Lf ohne roten Adlerstempel

MiNr.	Wert Pfg.	Farbe der Wertzeichen	Rollen-größe	Leerfelder ohne roten Adlerstempel RE 11 + 4 Lf			
				geriffelte Gummierung		glatte Gummierung	
				graugrün	grau	grau	dunkelgelb
179 v R.	5	rötl'lila-dkl'rötl'lila	1000				
			●1000		420.—		
179 w R.	5		1000				
181 v R.	7	blaugrün	●1000				
181 w R.	7		1000				
			●1000				
183 v R.	10	grün	500				
			1000				
			●1000		2800.—		
			500				
183 w R.	10		1000				
			●1000				

Bundesrepublik Deutschland

Heuss I – RE 11+4 Lf ohne roten Adlerstempel (Fortsetzung)

MiNr.	Wert Pfg.	Farbe der Wertzeichen	Rollen- größe	Leerfelder ohne roten Adlerstempel RE 11 + 4 Lf			
				geriffelte Gummierung		glatte Gummierung	
				graugrün	grau	grau	dunkelgelb
184 v R.	15	dkl'blau- preuß'blau	● 1000		1100.—		
184 w R.	15		1000				
			● 1000				
185 v R.	20	karminrot	● 1000				
185 w R.	20		1000				
			● 1000				
186 v R.	25	karminbraun	● 1000				
186 w R.	25		1000				
			● 1000				

Die Rollen Heuss (I) wurden zuerst ohne, später mit rückseitiger Numerierung ausgegeben. Die Werte 4 Pfg., 40 Pfg. und 70 Pfg. nur ohne, der Wert 25 Pfg. nur mit Nummer.
Bei den Werten zu 7 Pfg., 10 Pfg. und 20 Pfg., die in zwei Rollengrößen verausgabt wurden, kann die Zahl der auf die jeweilige Rollengröße entfallenden Rollen nicht mehr festgestellt werden.

Auflagen: Nr. 178 = 40 000, Nr. 179 = 26 500, Nr. 184 = 78 000, Nr. 186 = 69 300, Nr. 188 = 10 000, Nr. 191 = 10 000 Rollen; Nr. 181 = 80,1, Nr. 183 = 204, Nr. 185 = 92 Mill. Stück Rollenmarken insgesamt.

Gültig bis 31.12.1964.

1956/57. Freim.-Ausg. Bundespräsident Heuss (II). Wz 5, Nr. 263 auch Wz 5Z (spiegelverkehrt)

bt) Prof. Dr. Theodor Heuss (1884-1963) 1. Bundespräsident

Heuss II - Einzelmarken, Streifen und Rollenanfänge

MiNr.	Wert Pfg.	Farbe der Wertzeichen	Rollen- größe	Einzelmarke		3er Streifen		5er Streifen		6er Str.	11er Streifen		RA		
				mit g. Nr.	mit u. Nr.	mit g. Nr.	mit u. Nr.	mit g. Nr.	mit u. Nr.	mit g./u.	mit g/u/g	mit u/g/u	als EZM	als 6er Str.	als 11er Str.
260 v R.	40	blau	1000	35.-	60.-	85.-	135.-	120.-	175.-	250.-	450.-	510.-	300.-	570.-	850.-
			●1000		35.-		85.-		120.-	170.-	350.-	350.-		490.-	730.-
260 w R.	40		1000	25.-	25.-	60.-	60.-	85.-	85.-	120.-	250.-	250.-	220.-	370.-	560.-
			●1000		35.-		80.-		110.-	160.-	300.-	340.-		410.-	620.-
263 v R.	70	purpurviolett	●1000	70.-	70.-	180.-	180.-	270.-	270.-	360.-	700.-	700.-	610.-	1060.-	1600.-
263 w R.	70		1000	50.-	50.-	135.-	135.-	190.-	190.-	270.-	550.-	550.-	430.-	760.-	1160.-
			●1000		80.-		220.-		310.-	400.-	710.-	850.-		910.-	1340.-
263wZ R.	70		1000	110.-	110.-	270.-	270.-	470.-	470.-	660.-	1260.-	1260.-	940.-	1690.-	2380.-
			●1000		150.-		370.-		540.-	780.-	1450.-	1600.-		1780.-	2700.-

Heuss II - Paare mit Ausgleichszähnung

MiNr.	Wert Pfg.	Farbe der Wertzeichen	Rollen- größe	Paare mit Ausgleichszähnung											
				am unteren Markenrand						am oberen Markenrand					
				spitzer Zahn			breiter Zahn			spitzer Zahn			breiter Zahn		
				o. Nr.	mit g. Nr.	mit u. Nr.	o. Nr.	mit g. Nr.	mit u. Nr.	o. Nr.	mit g. Nr.	mit u. Nr.	o. Nr.	mit g. Nr.	mit u. Nr.
260 v R.	40	blau	1000	130.-	195.-	195.-	70.-	110.-	110.-	230.-	310.-	310.-	100.-	140.-	140.-
			●1000			370.-			210.-						
260 w R.	40		1000	135.-	185.-	185.-	45.-	70.-	70.-						
			●1000			230.-			130.-						
263 v R.	70	purpurviolett	●1000	240.-	320.-	320.-	150.-	220.-	220.-						
263 w R.	70		1000	180.-	260.-	260.-	95.-	150.-	150.-						
			●1000			410.-			240.-						
263wZ R.	70		1000	300.-	390.-	380.-	160.-	210.-	200.-						
			●1000			510.-			320.-						

Heuss II - RE 1+4 Lf mit rotem Adlerstempel

MiNr.	Wert Pfg.	Farbe der Wertzeichen	Rollen- größe	Leerfelder: mit rotem Adlerstempel			
				RE 1 + 4 Lf			
				geriffelte Gummierung	glatte Gummierung		
				grau	grau	dunkelgelb	hellgelb
260 v R.	40	blau	1000	210.—	200.—		
			●1000				
260 w R.	40		1000	200.—	170.—	190.—	
			●1000				

Bundesrepublik Deutschland

Heuss II – RE 1+4 Lf mit rotem Adlerstempel (Fortsetzung)

MiNr.	Wert Pfg.	Farbe der Wertzeichen	Rollen- größe	Leerfelder mit rotem Adlerstempel RE 1 + 4 Lf			
				geriffelte Gummierung	glatte Gummierung		
				grau	grau	dunkelgelb	hellgelb
263 v R.	70	purpurvio.	● 1000	350.—		350.—	
263 w R.	70	purpurvio.	1000	280.—	310.—	270.—	280.—
			● 1000				
263wZR.	70	purpurvio.	1000	390.—		380.—	
			● 1000				

Heuss II – RE 5+4 Lf mit rotem Adlerstempel

MiNr.	Wert Pfg.	Farbe der Wertzeichen	Rollen- größe	Leerfelder mit rotem Adlerstempel RE 5 + 4 Lf			
				geriffelte Gummierung	glatte Gummierung		
				grau	grau	dunkelgelb	hellgelb
260 v R.	40	blau	1000	1800.—		1680.—	
			● 1000	2170.—		1960.—	
260 w R.	40	blau	1000	1680.—		1470.—	1610.—
			● 1000	1960.—		1820.—	
263 v R.	70	purpurvio.	● 1000	2940.—		2940.—	
263 w R.	70	purpurvio.	1000	2380.—	2590.—	2240.—	2380.—
			● 1000	2730.—		2660.—	
263wZR.	70	purpurvio.	1000	3290.—		3220.—	
			● 1000	3780.—		3640.—	

Heuss II – RE 11+4 Lf mit rotem Adlerstempel

MiNr.	Wert Pfg.	Farbe der Wertzeichen	Rollen- größe	Leerfelder mit rotem Adlerstempel RE 11 + 4 Lf			
				geriffelte Gummierung	glatte Gummierung		
				grau	grau	dunkelgelb	hellgelb
260 v R.	40	blau	1000	2600.—		2400.—	
			● 1000	3100.—		2800.—	
260 w R.	40	blau	1000	2400.—		2100.—	2300.—
			● 1000	2800.—		2600.—	
263 v R.	70	purpurvio.	● 1000	4200.—		4200.—	
263 w R.	70	purpurvio.	1000	3400.—	3700.—	3200.—	3400.—
			● 1000	3900.—		3800.—	
263wZR.	70	purpurvio.	1000	4700.—		4600.—	
			● 1000	5400.—		5200.—	

Auflagen: Nr. 260 = 29 000, Nr. 263 = 31 500 Rollen. *Gültig bis 31. 12. 1964.*

1960. Freim.-Ausg. Bundespräsident Heuss (fluoreszierendes Papier). Nr. 183y–186y Wz 4W; Nr. 260y Wz 5

bt) Prof. Dr. Theodor Heuss (1884-1963) 1. Bundespräsident

Heuss (fluoreszierendes Papier) – Einzelmarken, Streifen und Rollenanfänge

MiNr.	Wert Pfg.	Farbe der Wertzeichen	Rollengröße	Einzelmarke		3er Streifen		5er Streifen		6er Str.	11er Streifen		RA		
				mit g. Nr.	mit u. Nr.	mit g. Nr.	mit u. Nr.	mit g. Nr.	mit u. Nr.	mit g./u.	mit g/u/g	mit u/g/u	als EZM	als 6er Str.	als 11er Str.
183 y R.	10	grün	1000	23.–	23.–	50.–	50.–	70.–	70.–	110.–	200.–	200.–	220.–	350.–	520.–
184 y R.	15	dkl'bl. – pr'bl.	1000	80.–	80.–	210.–	210.–	340.–	340.–	450.–	930.–	930.–	760.–	1320.–	1980.–
185 y R.	20	karminrot	1000	30.–	30.–	70.–	70.–	110.–	110.–	170.–	330.–	330.–	285.–	470.–	700.–
186 y R.	25	karminbraun	1000	135.–	135.–	320.–	320.–	510.–	510.–	740.–	1500.–	1500.–	1280.–	2150.–	3190.–
260 y R.	40	blau	1000	24.–	24.–	60.–	60.–	80.–	80.–	120.–	240.–	240.–	230.–	370.–	540.–

Heuss (fluoreszierendes Papier) – Paare mit Ausgleichszähnung

MiNr.	Wert Pfg.	Farbe der Wertzeichen	Rollengröße	Paare mit Ausgleichszähnung											
				am unteren Markenrand						am oberen Markenrand					
				spitzer Zahn			breiter Zahn			spitzer Zahn			breiter Zahn		
				o. Nr.	mit g. Nr.	mit u. Nr.	o. Nr.	mit g. Nr.	mit u. Nr.	o. Nr.	mit g. Nr.	mit u. Nr.	o. Nr.	mit g. Nr.	mit u. Nr.
183 y R.	10	grün	1000	65.–	95.–	95.–	35.–	50.–	50.–						
184 y R.	15	dkl'blau bis preuß'blau	1000	220.–	280.–	280.–	140.–	190.–	190.–						
185 y R.	20	karminrot	1000	125.–	175.–	175.–	60.–	92.–	92.–						
186 y R.	25	karminbraun	1000	290.–	340.–	340.–	240.–	310.–	310.–						
260 y R.	40	blau	1000	80.–	110.–	110.–	55.–	82.–	82.–						

Heuss (fluoreszierendes Papier) – RE 1+4 Lf mit rotem Adlerstempel

MiNr.	Wert Pfg.	Farbe der Wertzeichen	Rollengröße	Leerfelder mit rotem Adlerstempel	
				RE 1 + 4 Lf	
				geriffelte Gummierung	glatte Gummierung
				grau	dunkelgelb
183 y R.	10	grün	1000	120.—	70.—
184 y R.	15	dkl'blau bis preuß'blau	1000	260.—	220.—
185 y R.	20	karminrot	1000	110.—	90.—
186 y R.	25	karminbraun	1000	490.—	430.—
260 y R.	40	blau	1000	90.—	75.—

Heuss (fluoreszierendes Papier) – RE 5+4 Lf mit rotem Adlerstempel

MiNr.	Wert Pfg.	Farbe der Wertzeichen	Rollen- größe	Leerfelder mit rotem Adlerstempel RE 5 + 4 Lf	
				geriffelte Gummierung	glatte Gummierung
				grau	dunkelgelb
183 y R.	10	grün	1000	980.—	600.—
184 y R.	15	dkl'blau bis preuß'blau	1000	2150.—	1850.—
185 y R.	20	karminrot	1000	910.—	780.—
186 y R.	25	karminbraun	1000	4160.—	3570.—
260 y R.	40	blau	1000	750.—	640.—

Heuss (fluoreszierendes Papier) – RE 11+4 Lf mit rotem Adlerstempel

MiNr.	Wert Pfg.	Farbe der Wertzeichen	Rollen- größe	Leerfelder mit rotem Adlerstempel RE 11 + 4 Lf	
				geriffelte Gummierung	glatte Gummierung
				grau	dunkelgelb
183 y R.	10	grün	1000	1420.—	850.—
184 y R.	15	dkl'blau bis preuß'blau	1000	3100.—	2640.—
185 y R.	20	karminrot	1000	1310.—	1120.—
186 y R.	25	karminbraun	1000	5950.—	5100.—
260 y R.	40	blau	1000	1080.—	920.—

Auflagen: Nr. 183y = 5 700, Nr. 184y = 1 000, Nr. 185y = 4 230, Nr. 186y = 2 570, Nr. 260y = 2 010 Rollen. *Gültig bis 31. 12. 1964.*

Bundesrepublik Deutschland

1959. Freim.-Ausg. Bundespräsident Heuss (III)

fn) Prof. Dr. Theodor Heuss (31.1.1884–12.12.1963), 1. Bundespräsident

Heuss III – Einzelmarken, Streifen, Rollenanfänge

MiNr.	Wert Pfg.	Farbe der Wertzeichen	Rollen-größe	Einzelmarke		3er Streifen		5er Streifen		6er Str.	11er Streifen		RA		
				mit g.Nr.	mit u.Nr.	mit g.Nr.	mit u.Nr.	mit g.Nr.	mit u.Nr.	mit g./u.	mit g/u/g	mit u/g/u	als EZM	als 6er Str.	als 11er Str.
302 R.	7	blaugrün	1000	6.—	6.—	18.—	18.—	25.—	25.—	32.—	65.—	65.—	55.—	95.—	145.—
			● 1000		65.—		130.—		170.—	190.—	260.—	430.—		360.—	520.—
303 R.	10	grün	500	30.—	4.50	65.—	15.—	85.—	22.—	110.—	230.—	160.—	160.—	250.—	410.—
			1000	5.50	5.50	17.—	17.—	24.—	24.—	30.—	65.—	65.—	50.—	90.—	140.—
			● 1000		55.—		120.—		160.—	180.—	245.—	410.—		340.—	490.—
304 R.	20	karmin	500	220.—	5.50	340.—	18.—	420.—	25.—	550.—	1180.—	850.—	1150.—	1410.—	2180.—
			1000	6.50	6.50	20.—	20.—	30.—	30.—	38.—	80.—	80.—	65.—	115.—	180.—
			● 1000		65.—		150.—		210.—	260.—	350.—	530.—		470.—	680.—

Heuss III – Paare mit Ausgleichszähnung

MiNr.	Wert Pfg.	Farbe der Wertzeichen	Rollen-größe	Paare mit Ausgleichszähnung											
				am unteren Markenrand						am oberen Markenrand					
				spitzer Zahn			breiter Zahn			spitzer Zahn			breiter Zahn		
				o. Nr.	mit g. Nr.	mit u. Nr.	o. Nr.	mit g. Nr.	mit u. Nr.	o. Nr.	mit g. Nr.	mit u. Nr.	o. Nr.	mit g. Nr.	mit u. Nr.
302 R.	7	blaugrün	1000	38.—	55.—	50.—	19.—	27.—	25.—						
			● 1000			280.—			160.—						
303 R.	10	grün	500	32.—	110.—	35.—	15.—	65.—	18.—						
			1000		45.—	42.—		21.—	20.—						
			● 1000			190.—			110.—						
304 R.	20	karmin	500	56.—	420.—	70.—	26.—	320.—	30.—						
			1000		82.—	80.—		37.—	35.—						
			● 1000			290.—			140.—						

Heuss III – RE 1+4 Lf mit rotem Adlerstempel

MiNr.	Wert Pfg.	Farbe der Wertzeichen	Rollen-größe	Leerfelder mit rotem Adlerstempel		
				RE 1 + 4 Lf		
				geriffelte Gummierung	glatte Gummierung	
				grau	grau	dunkelgelb
302 R.	7	blaugrün	1000	60.—	40.—	35.—
			● 1000			
303 R.	10	grün	500	51.—	42.—	36.—
			1000			
			● 1000			
304 R.	20	karmin	500	70.—	53.—	48.—
			1000			
			● 1000			

Bundesrepublik Deutschland

Heuss III – RE 5+4 Lf mit rotem Adlerstempel

MiNr.	Wert Pfg.	Farbe der Wertzeichen	Rollen- größe	Leerfelder mit rotem Adlerstempel RE 5 + 4 Lf		
				geriffelte Gummierung	glatte Gummierung	
				grau	grau	dunkelgelb
302	R. 7	blaugrün	1000	520.—	340.—	310.—
			● 1000	960.—	830.—	740.—
303	R. 10	grün	500	430.—	350.—	300.—
			1000			
			● 1000	1060.—	800.—	730.—
304	R. 20	karmin	500	580.—	450.—	400.—
			1000			
			● 1000	1360.—	1080.—	980.—

Heuss III – RE 11+4 Lf mit rotem Adlerstempel

MiNr.	Wert Pfg.	Farbe der Wertzeichen	Rollen- größe	Leerfelder mit rotem Adlerstempel RE 11 + 4 Lf		
				geriffelte Gummierung	glatte Gummierung	
				grau	grau	dunkelgelb
302	R. 7	blaugrün	1000	750.—	490.—	450.—
			● 1000	1400.—	1180.—	1050.—
303	R. 10	grün	500	1800.—	1360.—	1250.—
			1000	630.—	510.—	430.—
			● 1000	1500.—	1150.—	1050.—
304	R. 20	karmin	500	7200.—	5400.—	5100.—
			1000	840.—	640.—	580.—
			● 1000	1950.—	1560.—	1420.—

Heuss III – Amtliche Flickstellen, Lf mit rotem Adlerstempel

MiNr.	Wert Pfg.	Farbe der Wertzeichen	Rollen- größe	Amtliche Flickstellen[1]; Leerfelder mit rotem Adlerstempel				
				11er-Streifen	RA als 11er-Streifen	RE 11 + 4 Lf		
						geriffelte Gummierung	glatte Gummierung	
						grau	grau	dunkelgelb
302	R. 7	blaugrün	1000	120.—				
			● 1000	530.—				
303	R. 10	grün	500	290.—				
			1000	130.—				
			● 1000	480.—				
304	R. 20	karmin	500	1300.—				
			1000	140.—				
			● 1000	590.—				

[1]) Es ist bisher nicht bekannt, ob zum damaligen Zeitpunkt die Flickstellen mit einem Rotring um die Banderolen gekennzeichnet waren. Bei den Werten zu 10 Pfg. und 20 Pfg., die in zwei Rollengrößen verausgabt wurden, kann die Zahl der auf die jeweilige Rollengröße entfallenden Rollen nicht mehr festgestellt werden.

Auflagen: Nr. 302 = 63 300 Rollen; Nr. 303 = 225, Nr. 304 = 300,2 Mill. Stück Rollenmarken insgesamt. Gültig bis 31.12.1964.

1961/62. Freim.-Ausg. Bedeutende Deutsche; x gewöhnliches, y fluoreszierendes Papier.

hb) Albertus Magnus,   hc) Hl. Elisabeth von Thüringen   he) Albrecht Dürer   hf) Martin Luther   hg) Johann Sebastian Bach   hh) Johann Balthasar Neumann   hk) Gotthold Ephraim Lessing   hm) Friedrich von Schiller   hn) Ludwig van Beethoven

Bedeutende Deutsche – Einzelmarken, Streifen, Rollenanfänge — x. gewöhnliches Papier

MiNr.	Wert Pfg.	Farbe der Wertzeichen	Rollengröße	Einzelmarke mit g.Nr.	Einzelmarke mit u.Nr.	3er Streifen mit g.Nr.	3er Streifen mit u.Nr.	5er Streifen mit g.Nr.	5er Streifen mit u.Nr.	6er Str. mit g./u.	11er Streifen mit g/u/g	11er Streifen mit u/g/u	RA als EZM	RA als 6erStr.	RA als 11erStr.
347 x R.	5	dkl'braunoliv	1000	180.–	180.–	280.–	280.–	350.–	350.–	580.–	1100.–	1100.–	1500.–	2120.–	2840.–
348 x R.	7	gelbbraun	1000	12.–	12.–	22.–	22.–	30.–	30.–	45.–	85.–	85.–	110.–	180.–	270.–
350 x R.	10	dkl'grauoliv b. dkl'grünol.	500	30.–	8.–	65.–	30.–	80.–	40.–	105.–	230.–	180.–	170.–	270.–	430.–
			1000	10.–	10.–	37.–	37.–	50.–	50.–	75.–	150.–	150.–	95.–	175.–	280.–
351 x R.	15	hellblau bis grünl'blau	1000	28.–	28.–	48.–	48.–	60.–	60.–	95.–	190.–	190.–	260.–	380.–	530.–
			●1000		40.–		105.–			140.–	180.–	290.–	380.–	490.–	660.–
352 x R.	20	dkl'br'rot bis bräunl'kar.	500	240.–	50.–	380.–	95.–	460.–	120.–	560.–	1230.–	860.–	1300.–	1780.–	2650.–
			1000	60.–	60.–	120.–	120.–	150.–	150.–	240.–	470.–	470.–	550.–	860.–	1210.–
355 x R.	40	dkl'blau	1000	90.–	90.–	240.–	240.–	320.–	320.–	460.–	940.–	940.–	850.–	1400.–	2060.–

Bedeutende Deutsche – Einzelmarken, Streifen, Rollenanfänge — y. fluoreszierendes Papier

MiNr.	Wert Pfg.	Farbe der Wertzeichen	Rollengröße	Einzelmarke mit g.Nr.	Einzelmarke mit u.Nr.	3er Streifen mit g.Nr.	3er Streifen mit u.Nr.	5er Streifen mit g.Nr.	5er Streifen mit u.Nr.	6er Str. mit g./u.	11er Streifen mit g/u/g	11er Streifen mit u/g/u	RA als EZM	RA als 6erStr.	RA als 11erStr.
347 y R.	5	dkl'braunoliv	1000	1.–	1.–	1.50	1.50	2.–	2.–	3.50	6.50	6.50	9.–	15.–	25.–
			●1000		380.–		570.—			700.—	740.—	820.—	1550.—	2100.–	2800.–
348 y R.	7	gelbbraun	1000	8.–	8.–	18.—	18.—	25.–	25.—	35.—	70.—	70.—	70.–	120.–	210.–
			●1000		300.—		450.—			550.—	590.—	680.—	1200.—	1550.–	2400.–
350 y R.	10	dkl'grauoliv b. dkl'grünol.	500	8.–	3.–	22.—	7.–	30.–	9.–	35.—	80.—	55.–	50.–	110.–	190.–
			1000	3.–		5.–		12.—		15.—	20.—	35.—	43.–	30.–	70.–	105.–
			●1000				190.—	7.—	310.—	9.—	370.—	450.—	560.—	980.—	1050.–	1550.–
351 y R.	15	hellblau bis grünlichblau	500	12.–	3.–	27.—	7.50	35.–	9.50	45.—	90.—	65.–	70.–	130.–	240.–
			1000	3.–		5.–	7.50	12.—	10.–	16.—	25.—	40.—	45.–	25.–	60.–	90.–
			●1000		200.—		320.—			390.—	440.—	580.—	990.—	1150.–	1650.–
352 y R.	20	dkl'br'rot bis bräunl'kar.	500	55.–	5.–	75.—	12.–	95.–	15.—	110.—	240.—	150.–	230.–	390.–	590.–
			1000	5.–		9.–	12.—	20.—	15.—	25.—	35.—	60.—	75.–	45.–	95.–	160.–
			●1000		180.—		290.—			350.—	390.—	490.—	890.—	950.–	1450.–
353 y R.	25	dkl'orange b. br'orange	1000	5.–		5.–	15.—	15.—	20.—	20.—	30.—	55.—	55.–	45.–	90.–	140.–
			●1000		230.—		370.—			450.—	490.—	610.—	1120.—	1300.–	1750.–
355 y R.	40	dkl'blau	1000	8.–	8.–	22.—	22.–	30.–	30.–	40.—	80.—	80.–	70.–	130.–	240.–
357 y R.	60	karmin	1000	11.–	11.–	30.—	30.–	38.–	38.–	55.—	110.—	110.–	105.–	170.–	320.–
358ay R.	70	dkl'grün	1000	15.–	15.–	35.—	35.–	50.–	50.–	70.—	140.—	140.–	140.–	240.–	390.–
358by R.	70	schw'bl'grün	1000	10.–	10.–	25.—	25.–	35.–	35.–	50.—	95.—	95.–	95.–	180.–	310.–

Bundesrepublik Deutschland 25

Bedeutende Deutsche – Paare mit Ausgleichszähnung   x. gewöhnliches Papier

MiNr.	Wert Pfg.	Farbe der Wertzeichen	Rollen-größe	x. gewöhnliches Papier, Paare mit Ausgleichszähnung							
				am oberen Markenrand				am unteren Markenrand			
				spitzer Zahn			breiter Zahn	spitzer Zahn			breiter Zahn
				o. Nr.	mit g. Nr.	mit u. Nr.	o. Nr. / mit g. Nr. / mit u. Nr.	o. Nr.	mit g. Nr.	mit u. Nr.	o. Nr. / mit g. Nr. / mit u. Nr.
347 x R.	5	dkl'braunoliv	1000					310.–	390.–	390.–	190.– / 260.– / 260.–
348 x R.	7	gelbbraun	1000					28.–	40.–	40.–	18.– / 24.– / 24.–
350 x R.	10	dkl'grauoliv b. dkl'grünol.	500 / 1000					45.–	160.– / 65.–	55.– / 65.–	23.– / 80.– / 25.– / 30.– / 30.–
351 x R.	15	hellblau bis grünlichblau	1000 / ●1000					65.–	90.–	90.– / 140.–	40.– / 50.– / 50.– / 80.–
352 x R.	20	dkl'br'rot bis bräunl'kar.	500 / 1000					180.–	470.– / 240.–	200.– / 240.–	110.– / 310.– / 130.– / 150.– / 150.–
355 x R.	40	dkl'blau	1000	210.–	260.–	260.–	120.– / 180.– / 180.–				

Bedeutende Deutsche – Paare mit Ausgleichszähnung   y. fluoreszierendes Papier

MiNr.	Wert Pfg.	Farbe der Wertzeichen	Rollen-größe	y. fluoreszierendes Papier; Paare mit Ausgleichszähnung							
				am oberen Markenrand				am unteren Markenrand			
				spitzer Zahn			breiter Zahn	spitzer Zahn			breiter Zahn
				o. Nr.	mit g. Nr.	mit u. Nr.	o. Nr. / mit g. Nr. / mit u. Nr.	o. Nr.	mit g. Nr.	mit u. Nr.	o. Nr. / mit g. Nr. / mit u. Nr.
347 y R.	5	dkl'braunoliv	1000 / ●1000					4.—	6.50	6.50 / 560.—	1.80 / 3.— / 3.— / 470.—
348 y R.	7	gelbbraun	1000 / ●1000					8.—	26.—	26.— / 440.—	3.50 / 12.— / 12.— / 370.—
350 y R.	10	dkl'grauoliv b. dkl'grünol.	500 / 1000 / ●1000					11.—	28.— / 15.—	15.— / 19.— / 290.—	4.— / 11.— / 5.50 / 5.50 / 7.— / 240.—
351 y R.	15	hellblau bis grünlichblau	500 / 1000 / ●1000					8.—	24.— / 9.50	9.50 / 11.— / 310.—	5.— / 15.— / 6.— / 6.— / 7.— / 250.—
352 y R.	20	dkl'br'rot bis bräunl'kar.	500 / 1000 / ●1000					14.—	85.— / 18.—	18.— / 28.— / 280.—	6.— / 40.— / 8.— / 8.— / 12.— / 230.—
353 y R.	25	dkl'orange b. br'orange	1000 / ●1000					7.—	9.50	9.50 / 340.—	9.— / 15.— / 15.— / 280.—
355 y R.	40	dkl'blau	1000	34.—	50.—	50.—	15.— / 21.— / 21.—	29.—	45.—	45.—	8.— / 12.— / 12.—
357 y R.	60	karmin	1000	38.—	55.—	55.—	10.— / 15.— / 15.—				
358 ay R.	70	dkl'grün	1000	32.—	45.—	45.—	9.— / 19.— / 19.—				
358 by R.	70	schw'bl'grün	1000	28.—	39.—	39.—	7.— / 14.— / 14.—				

Bedeutende Deutsche – RE 1+4 Lf mit bzw. ohne roten Adlerstempel x. gewöhnliches Papier

MiNr.	Wert Pfg.	Farbe der Wertzeichen	Rollen- größe	x. gewöhnliches Papier; Leerfelder mit bzw. ohne roten Adlerstempel				
				RE 1 + 4 Lf				
				geriffelte Gumm.	glatte Gummierung			
				grau	grau	dkl'gelb	hellgelb	gelbgrün ohne roten Adlerstempel
347 x R.	5	dkl'braunoliv	1000	410.—	360.—		360.—	
348 x R.	7	gelbbraun	1000	51.—	40.—	73.—	40.—	
350 x R.	10	dkl'grauoliv bis d'grünol.	500 / 1000	68.—	57.—		63.—	
351 x R.	15	hellblau bis grünlichblau	1000 / ●1000	90.—	74.—		78.—	
352 x R.	20	dkl'br'rot bis bräunl'kar.	500 / 1000	145.—	190.—		175.—	150.—
355 x R.	40	dkl'blau	1000	340.—	290.—		270.—	240.—

Bedeutende Deutsche – RE 5+4 Lf mit bzw. ohne roten Adlerstempel x. gewöhnliches Papier

MiNr.	Wert Pfg.	Farbe der Wertzeichen	Rollen- größe	x. gewöhnliches Papier; Leerfelder mit bzw. ohne rotem Adlerstempel				
				RE 5 + 4 Lf				
				geriffelte Gumm.	glatte Gummierung			
				grau	grau	dkl'gelb	hellgelb	gelbgrün ohne roten Adlerstempel
347 x R.	5	dkl'braunoliv	1000	3900.—	3470.—		3470.—	
348 x R.	7	gelbbraun	1000	430.—	340.—	610.—	340.—	
350 x R.	10	dkl'grauoliv bis d'grünol.	500 / 1000	570.—	480.—		530.—	
351 x R.	15	hellblau bis grünlichblau	1000 / ●1000	740.— / 1230.—	620.— / 960.—		650.— / 810.—	
352 x R.	20	dkl'br'rot bis bräunl'kar.	500 / 1000	1950.—	1600.—		1480.—	1340.—
355 x R.	40	dkl'blau	1000	3220.—	2730.—		2520.—	2300.—

Bedeutende Deutsche – RE 11+4 Lf mit bzw. ohne roten Adlerstempel x. gewöhnliches Papier

MiNr.	Wert Pfg.	Farbe der Wertzeichen	Rollen- größe	x. gewöhnliches Papier; Leerfelder mit bzw. ohne rotem Adlerstempel				
				RE 11 + 4 Lf				
				geriffelte Gumm.	glatte Gummierung			
				grau	grau	dkl'gelb	hellgelb	gelbgrün ohne roten Adlerstempel
347 x R.	5	dkl'braunoliv	1000	5600.—	4950.—		4950.—	
348 x R.	7	gelbbraun	1000	620.—	480.—	850.—	490.—	
350 x R.	10	dkl'grauoliv bis d'grünol.	500 / 1000	1200.— / 820.—	830.— / 680.—		750.— / 510.—	

Bundesrepublik Deutschland

Bedeutende Deutsche – RE 11+4 Lf mit bzw. ohne roten Adlerstempel **x. gewöhnliches Papier**
(Fortsetzung)

MiNr.	Wert Pfg.	Farbe der Wertzeichen	Rollen-größe	x. gewöhnliches Papier; Leerfelder mit bzw. ohne rotem Adlerstempel					
				RE 11 + 4 Lf					
				geriffelte Gumm.	glatte Gummierung				
				grau	grau	dkl'gelb	hellgelb	gelbgrün ohne roten Adlerstempel
351 x R.	15	hellblau bis grünlichblau	1000	1050.—	890.—		930.—	
			● 1000	1750.—	1380.—		1160.—	
352 x R.	20	dkl'br'rot bis bräunl'kar.	500	5300.—	4680.—		4300.—	
			1000	2800.—	2300.—		2120.—	1900.—
355 x R.	40	dkl'blau	1000	4600.—	3900.—		3600.—	3300.—

Bedeutende Deutsche – RE 1+4 Lf mit rotem Adlerstempel **y. fluoreszierendes Papier**

MiNr.	Wert Pfg.	Farbe der Wertzeichen	Rollen-größe	y. fluoreszierendes Papier; Leerfelder mit rotem Adlerstempel					
				RE 1 + 4 Lf					
				geriffelte Gummierung	glatte Gummierung				
				grau	grau	dunkelgelb	hellgelb	gelbgrün
347 y R.	5	dkl'br'oliv	1000	51.—	28.—	37.—	29.—	26.—
			● 1000					
348 y R.	7	gelbbraun	1000	100.—	70.—		51.—	
			● 1000					
350 y R.	10	dkl'grauoliv bis dkl'grünoliv	500	80.—	45.—	69.—	60.—	54.—
			1000					
			● 1000					
351 y R.	15	hellblau bis grünlichblau	500	120.—	56.—		72.—	
			1000					
			● 1000					
352 y R.	20	dkl'br'rot bis bräunl'kar.	500	100.—	69.—		75.—	
			1000					
			● 1000					
353 y R.	25	dkl'orange b. br'orange	1000	96.—	76.—	79.—	79.—	76.—
			● 1000					
355 y R.	40	dkl'blau	1000	126.—	74.—	76.—	73.—	70.—
357 y R.	60	karmin	1000	180.—	170.—	150.—	140.—	135.—
358 ay R.	70	dkl'grün	1000	190.—	175.—	130.—	120.—	130.—
358 by R.	70	schw'bl'grün	1000					

Bundesrepublik Deutschland

Bedeutende Deutsche – RE 5+4 Lf mit rotem Adlerstempel — y. fluoreszierendes Papier

MiNr.	Wert Pfg.	Farbe der Wertzeichen	Rollen-größe	y. fluoreszierendes Papier; Leerfelder mit rotem Adlerstempel RE 5 + 4 Lf				
				geriffelte Gummierung	glatte Gummierung			
				grau	grau	dunkelgelb	hellgelb	gelbgrün
347 y R.	5	dkl'br'oliv	1000	430.—	230.—	310.—	240.—	220.—
			● 1000		2410.—			
348 y R.	7	gelbbraun	1000	840.—	590.—		430.—	
			● 1000		1950.—			
350 y R.	10	dkl'grauoliv bis dkl'grünoliv	500					
			1000	670.—	380.—	580.—	500.—	450.—
			● 1000		1500.—			
351 y R.	15	hellblau bis grünlichblau	500					
			1000	980.—	470.—		600.—	
			● 1000		1710.—			
352 y R.	20	dkl'br'rot bis bräunl'kar.	500					
			1000	840.—	580.—		630.—	
			● 1000		1600.—			
353 y R.	25	dkl'orange b. br'orange	1000	800.—	640.—	660.—	660.—	640.—
			● 1000		1680.—			
355 y R.	40	dkl'blau	1000	1050.—	620.—	640.—	610.—	590.—
357 y R.	60	karmin	1000	1540.—	1430.—	1260.—	1190.—	1120.—
358 ay R.	70	dkl'grün	1000	1610.—	1470.—	1080.—	990.—	1090.—
358 by R.	70	schw'bl'grün	1000					

Bedeutende Deutsche – RE 11+4 Lf mit rotem Adlerstempel — y. fluoreszierendes Papier

MiNr.	Wert Pfg.	Farbe der Wertzeichen	Rollen-größe	y. fluoreszierendes Papier; Leerfelder mit rotem Adlerstempel RE 11 + 4 Lf				
				geriffelte Gummierung	glatte Gummierung			
				grau	grau	dunkelgelb	hellgelb	gelbgrün
347 y R.	5	dkl'br'oliv	1000	620.—	340.—	450.—	340.—	320.—
			● 1000		3450.—			
348 y R.	7	gelbbraun	1000	1200.—	850.—		620.—	
			● 1000		2800.—			
350 y R.	10	dkl'grauoliv bis dkl'grünoliv	500		560.—			
			1000	960.—	880.—	840.—	720.—	640.—
			● 1000		2150.—			
351 y R.	15	hellblau bis grünlichblau	500		680.—			
			1000	1400.—	1350.—		860.—	
			● 1000		2450.—			

Bedeutende Deutsche – RE 11+4 Lf mit rotem Adlerstempel (Fortsetzung) — y. fluoreszierendes Papier

MiNr.	Wert Pfg.	Farbe der Wertzeichen	Rollen- größe	y. fluoreszierendes Papier; Leerfelder mit rotem Adlerstempel RE 11 + 4 Lf				
				geriffelte Gummierung	glatte Gummierung			
				grau	grau	dunkelgelb	hellgelb	gelbgrün
352 y R.	20	dkl'br'rot bis bräunl'kar.	500		850.—			
			1000	1200.—	960.—		910.—	
			● 1000		2300.—			
353 y R.	25	dkl'orange b. br'orange	1000	1150.—	920.—	940.—	940.—	920.—
			● 1000		2400.—			
355 y R.	40	dkl'blau	1000	1500.—	880.—	920.—	870.—	850.—
357 y R.	60	karmin	1000	2200.—	2050.—	1800.—	1700.—	1600.—
358 ay R.	70	dkl'grün	1000	2300.—	2100.—	1550.—	1400.—	1550.—
358 by R.	70	schw'bl'grün	1000					

Bedeutende Deutsche – RE 1+4 Lf ohne roten Adlerstempel — y. fluoreszierendes Papier

MiNr.	Wert Pfg.	Farbe der Wertzeichen	Rollen- größe	y. fluoreszierendes Papier; Leerfelder ohne roten Adlerstempel RE 1 + 4 Lf							
				geriffelte Gummier.	glatte Gummierung						
				grau	grau	dkl'gelb	hellgelb	gelbgrün	blaugrün	hellgrau	türkis
347 y R.	5	dkl'braunoliv	1000			10.—	6.50	13.—	6.50	3.—	6.—
			● 1000								
348 y R.	7	gelbbraun	1000	45.—	42.—		38.—	35.—			
			● 1000								
350 y R.	10	dkl'grauoliv b. dkl'grünol.	500	48.—	38.—	19.—	13.—	13.—	17.—	11.—	
			1000								
			● 1000								
351 y R.	15	hellblau bis grünl'blau	500	61.—		30.—	20.—	60.—	20.—	17.—	
			1000								
			● 1000								
352 y R.	20	dkl'br'rot bis bräunl'kar.	500	70.—	54.—	30.—	25.—	32.—	36.—	19.—	
			1000								
			● 1000								
353 y R.	25	dkl'orange b. br'orange	1000	63.—	48.—	31.—	25.—	20.—	27.—	25.—	23.—
			● 1000								
355 y R.	40	dkl'blau	1000			43.—	37.—	48.—	51.—	35.—	
357 y R.	60	karmin	1000	100.—				51.—	52.—	62.—	70.—
358 ay R.	70	dkl'grün	1000	96.—	79.—			56.—	64.—		
358 by R.	70	schw'bl'grün	1000			52.—	44.—	64.—	47.—	35.—	

Bundesrepublik Deutschland

Bedeutende Deutsche – RE 5+4 Lf ohne roten Adlerstempel — y. fluoreszierendes Papier

MiNr.	Wert Pfg.	Farbe der Wertzeichen	Rollengröße	y. fluoreszierendes Papier; Leerfelder ohne roten Adlerstempel RE 5 + 4 Lf							
				geriffelte Gummier.	glatte Gummierung							
				grau	grau	dkl'gelb	hellgelb	gelbgrün	blaugrün	hellgrau	türkis
347 y R.	5	dkl'braunoliv	1000			85.—	55.—	110.—	55.—	25.—	50.—
			● 1000						2200.—		
348 y R.	7	gelbbraun	1000	390.—	360.—		320.—	300.—			
			● 1000								
350 y R.	10	dkl'grauoliv b. dkl'grünol.	500	400.—	320.—	160.—	110.—	110.—	140.—	90.—	
			1000								
			● 1000								
351 y R.	15	hellblau bis grünlichblau	500	510.—		250.—	170.—	510.—	170.—	140.—	
			1000								
			● 1000						1580.—		
352 y R.	20	dkl'br'rot bis bräunl'kar.	500	600.—	450.—	250.—	210.—	270.—	300.—	160.—	
			1000								
			● 1000						1350.—		
353 y R.	25	dkl'orange b. br'orange	1000	530.—	400.—	260.—	210.—	170.—	230.—	210.—	190.—
			● 1000								
355 y R.	40	dkl'blau	1000			360.—	310.—	400.—	430.—	290.—	
357 y R.	60	karmin	1000	850.—				430.—	440.—	520.—	590.—
358 ay R.	70	dkl'grün	1000	800.—	660.—			470.—	530.—		
358 by R.	70	schw'bl'grün	1000			430.—	370.—	530.—	390.—	290.—	

Bedeutende Deutsche – RE 11+4 Lf ohne roten Adlerstempel — y. fluoreszierendes Papier

MiNr.	Wert Pfg.	Farbe der Wertzeichen	Rollengröße	y. fluoreszierendes Papier; Leerfelder ohne roten Adlerstempel RE 11 + 4 Lf							
				geriffelte Gummier.	glatte Gummierung							
				grau	grau	dkl'gelb	hellgelb	gelbgrün	blaugrün	hellgrau	türkis
347 y R.	5	dkl'braunoliv	1000			125.—	80.—	160.—	80.—	35.—	70.—
			● 1000						3200.—		
348 y R.	7	gelbbraun	1000	560.—	520.—		450.—	430.—			
			● 1000								
350 y R.	10	dkl'grauoliv b. dkl'grünol.	500			350.—	270.—	290.—	510.—	270.—	
			1000	580.—	460.—	250.—	180.—	180.—	220.—	140.—	
			● 1000								
351 y R.	15	hellblau bis grünl'blau	500			480.—	360.—	350.—	380.—	320.—	
			1000	730.—		370.—	260.—	750.—	260.—	220.—	
			● 1000						2250.—		

Bundesrepublik Deutschland

Bedeutende Deutsche – RE 11+4 Lf ohne roten Adlerstempel
(Fortsetzung)

y. fluoreszierendes Papier

MiNr.	Wert Pfg.	Farbe der Wertzeichen	Rollen-größe	y. fluoreszierendes Papier; Leerfelder ohne roten Adlerstempel RE 11 + 4 Lf							
				geriffelte Gummier.	glatte Gummierung						
				grau	grau	dkl'gelb	hellgelb	gelbgrün	blaugrün	hellgrau	türkis
352 y R.	20	dkl'br'rot bis bräunl'kar.	500		690.—	660.—	660.—		780.—	820.—	
			1000	860.—	640.—	380.—	310.—	410.—	430.—	240.—	
			● 1000						1900.—		
353 y R.	25	dkl'orange b. br'orange	1000	760.—	580.—	380.—	310.—	240.—	330.—	310.—	280.—
			● 1000								
355 y R.	40	dkl'blau	1000			510.—	440.—	580.—	610.—	410.—	
357 y R.	60	karmin	1000	1200.—				620.—	630.—	740.—	850.—
358 ay R.	70	dkl'grün	1000	1150.—	940.—			680.—	760.—		
358 by R.	70	schw'bl'grün	1000			610.—	530.—	750.—	560.—	420.—	

Auflagen:
x (Rollen zu 1000): Nr. 347x = 2 300, Nr. 348x = 17 500, Nr. 350x = 202 000, Nr. 351x = 16 000, Nr. 352x = 80 000, Nr. 355x = 12 500 Rollen zu 1000 Marken;
x (Rollen zu 500): Nr. 350x = 21 000, Nr. 352x = 10 000 Rollen zu 500 Marken;
y (Rollen zu 1000): Nr. 347y = 237 000, Nr. 348y = 43 000, Nr. 350y = 600 100, Nr. 351y = 407 100, Nr. 352y = 765 100, Nr. 353y = 60 000, Nr. 355y = 117 000, Nr. 357y = 3 000, Nr. 358y = 81 500 Rollen zu 1000 Marken;
y (Rollen zu 500): Nr. 350y = 71 000, Nr. 351y = 38 000, Nr. 352y = 141 000 Rollen zu 500 Marken.
Bei dem Wert zu 70 Pfg. sind beide Farbvariationen zusammengefaßt. Eine Trennung ist nicht mehr möglich. *Gültig bis 31.12.1970.*

1964/65. Freim.-Ausg. Deutsche Bauwerke aus zwölf Jahrhunderten; fluoreszierendes Papier

mk) Wallpavillon des Zwingers in Dresden

| ml) Schloß Tegel in Berlin | mm) Torhalle in Lorsch (Hessen) | mn) Trifels in der Pfalz | mo) Schloßtor in Ellwangen (Jagst) | mp) Treptower Tor in Neubrandenburg | mr) Osthofentor in Soest | ms) Ellinger Tor in Weißenburg (Bayern) |

Deutsche Bauwerke – Einzelmarken, Streifen, Rollenanfänge

MiNr.	Wert Pfg.	Farbe der Wertzeichen	Rollengröße	Einzelmarke		3er Streifen		5er Streifen		6er Str.	11er Streifen		RA		
				mit g. Nr.	mit u. Nr.	mit g. Nr.	mit u. Nr.	mit g. Nr.	mit u. Nr.	g./u.	mit g/u/g	mit u/g/u	als EZM	als 6er Str.	als 11er Str.
454 R.	10	dkl'siena	500	6.50	2.50	15.—	5.—	20.—	7.—	30.—	55.—	40.—	50.—	85.—	110.—
			1000	3.50	3.50	7.—	7.—	9.—	9.—	15.—	28.—	28.—	25.—	50.—	70.—
455 R.	15	dkl'grün	500	15.—	4.—	25.—	8.—	30.—	11.—	38.—	70.—	55.—	80.—	140.—	180.—
			1000	5.—	5.—	9.—	9.—	13.—	13.—	20.—	38.—	38.—	40.—	70.—	90.—
456 R.	20	dkl'br'rot	500	20.—	4.—	30.—	8.50	35.—	12.—	45.—	80.—	60.—	120.—	160.—	210.—
			1000	4.50	4.50	10.—	10.—	13.—	13.—	20.—	35.—	35.—	35.—	65.—	90.—
457 R.	40	dkl'viol'blau	1000	9.—	9.—	19.—	19.—	26.—	26.—	40.—	75.—	75.—	80.—	140.—	190.—
459 R.	60	karminrot	1000	18.—	18.—	40.—	40.—	55.—	55.—	80.—	150.—	150.—	130.—	240.—	330.—
460 R.	70	russischgrün	1000	16.—	16.—	36.—	36.—	50.—	50.—	75.—	135.—	135.—	110.—	210.—	290.—
461 R.	80	dkl'rotbraun	1000	15.—	15.—	35.—	35.—	50.—	50.—	70.—	130.—	130.—	90.—	160.—	220.—

Deutsche Bauwerke – Paare mit Ausgleichszähnung

MiNr.	Wert Pfg.	Farbe der Wertzeichen	Rollengröße	Paare mit Ausgleichszähnung										
				am oberen Markenrand						am unteren Markenrand				
				spitzer Zahn			breiter Zahn			spitzer Zahn			breiter Zahn		
				o. Nr.	mit g. Nr.	mit u. Nr.	o. Nr.	mit g. Nr.	mit u. Nr.	o. Nr.	mit g. Nr.	mit u. Nr.	o. Nr.	mit g. Nr.	mit u. Nr.
454 R.	10	dkl'siena	500							14.—	30.—	22.—	4.30	10.50	7.—
			1000								24.—	24.—		8.—	8.—
455 R.	15	dkl'grün	500							17.—	32.—	23.—	6.50	18.—	11.—
			1000								25.—	25.—		12.—	12.—
456 R.	20	dkl'br'rot	500	35.—	80.—	80.—		45.—	45.—	16.—	45.—	20.—	5.—	24.—	9.—
			1000				12.—	22.—	22.—					10.—	10.—
457 R.	40	dkl'viol'blau	1000							20.—	32.—	32.—	7.—	15.—	15.—
459 R.	60	karminrot	1000	14.—	28.—	28.—	40.—	65.—	65.—						
460 R.	70	russischgrün	1000							38.—	52.—	52.—	18.—	27.—	27.—
461 R.	80	dkl'rotbraun	1000							35.—	46.—	46.—	16.—	25.—	25.—

Bundesrepublik Deutschland

Deutsche Bauwerke – RE 1+4 Lf

MiNr.	Wert Pfg.	Farbe der Wertzeichen	Rollen- größe	RE 1 + 4 Lf					ohne Gum. d. Lf.
				dunkelgelb	hellgelb	blaugrün	hellgrau	türkis	hellgrau
454	R. 10	dkl'siena	500	17.—	7.—		6.—	4.—	
			1000						
455	R. 15	dkl'grün	500	22.—	18.—	41.—	12.—	10.—	60.—
			1000						
456	R. 20	dkl'br'rot	500	30.—	22.—		17.—	11.—	70.—
			1000						
457	R. 40	dkl'vio'blau	1000	45.—	42.—		20.—	15.—	
459	R. 60	karminrot	1000	68.—	58.—		31.—	22.—	
460	R. 70	russischgrün	1000	62.—	42.—		26.—	19.—	
461	R. 80	dkl'rotbraun	1000	55.—	37.—		20.—	15.—	90.—

Deutsche Bauwerke – RE 5+4 Lf

MiNr.	Wert Pfg.	Farbe der Wertzeichen	Rollen- größe	RE 5 + 4 Lf					ohne Gum. d. Lf.
				dunkelgelb	hellgelb	blaugrün	hellgrau	türkis	hellgrau
454	R. 10	dkl'siena	500	210.—	90.—		70.—	50.—	
			1000						
455	R. 15	dkl'grün	500	270.—	220.—	510.—	150.—	120.—	700.—
			1000						
456	R. 20	dkl'br'rot	500	370.—	280.—		210.—	130.—	850.—
			1000						
457	R. 40	dkl'vio'blau	1000	570.—	530.—		250.—	180.—	
459	R. 60	karminrot	1000	850.—	720.—		390.—	270.—	
460	R. 70	russischgrün	1000	780.—	530.—		320.—	240.—	
461	R. 80	dkl'rotbraun	1000	690.—	460.—		250.—	190.—	1100.—

Deutsche Bauwerke – RE 11+4 Lf

MiNr.	Wert Pfg.	Farbe der Wertzeichen	Rollen- größe	RE 11 + 4 Lf					ohne Gum. d. Lf.
				dunkelgelb	hellgelb	blaugrün	hellgrau	türkis	hellgrau
454	R. 10	dkl'siena	500	560.—	310.—		230.—	170.—	
			1000	370.—	150.—		130.—	110.—	
455	R. 15	dkl'grün	500		900.—		370.—	310.—	
			1000	440.—	360.—	850.—	270.—	220.—	1100.—

Deutsche Bauwerke – RE 11+4 Lf (Fortsetzung)

MiNr.	Wert Pfg.	Farbe der Wertzeichen	Rollen- größe	RE 11 + 4 Lf					ohne Gum. d. Lf.
				dunkelgelb	hellgelb	blaugrün	hellgrau	türkis	hellgrau
456 R.	20	dkl'br'rot	500	830.—	520.—		420.—	360.—	
			1000	570.—	420.—		290.—	260.—	1300.—
457 R.	40	dkl'vio'blau	1000	980.—	890.—		430.—	340.—	
459 R.	60	karminrot	1000	1400.—	1200.—		660.—	480.—	
460 R.	70	russischgrün	1000	1300.—	950.—		580.—	420.—	
461 R.	80	dkl'rotbraun	1000	1150.—	810.—		410.—	320.—	1700.—

Deutsche Bauwerke – Amtliche Flickstellen

MiNr.	Wert Pfg.	Farbe der Wertzeichen	Rollen- größe	Amtliche Flickstellen[1]						
				11er-Streifen	RA als 11er-Streifen	RE 11 + 4 Lf				ohne Gum. d. Lf
						dunkelgelb	hellgelb	blaugrün	hellgrau	türkis	hellgrau
454 R.	10	dkl'siena	500	80,—	140.—				240.—		
			1000	45.—	90.—				160.—		
455 R.	15	dkl'grün	500	100.—	220.—				380.—		
			1000	65.—	130.—				290.—		
456 R.	20	dkl'br'rot	500	120.—	260.—				440.—		
			1000	60.—	130.—				350.—		
457 R.	40	dkl'viol'blau	1000	130.—	260.—				460.—		
459 R.	60	karminrot	1000	240.—	450.—				620.—		
460 R.	70	russischgrün	1000	170.—	420.—				590.—		
461 R.	80	dkl'rotbraun	1000	160.—	350.—				470.—		

[1]) Es ist bisher nicht bekannt, ob zum damaligen Zeitpunkt die Flickstellen mit einem Rotring um die Banderolen gekennzeichnet waren.

Auflagen:
(Rollen zu 1000): Nr. 454 = 110000, Nr. 455 = 240000, Nr. 456 = 480000, Nr. 457 = 40000, Nr. 459 = 6000, Nr. 460 = 10000, Nr. 461 = 20000 Rollen zu 1000 Marken;
(Rollen zu 500): Nr. 454 = 30000, Nr. 455 = 80000, Nr. 456 = 170000 Rollen zu 500 Marken.

Bundesrepublik Deutschland

1966/67. Freim.-Ausg. Brandenburger Tor

om) Brandenburger Tor

Brandenburger Tor – Einzelmarken, Streifen, Rollenanfänge

MiNr.	Wert Pfg.	Farbe der Wertzeichen	Rollengröße	Einzelmarke		3er Streifen		5er Streifen		6er Str.	11er Streifen		RA		
				mit g.Nr.	mit u.Nr.	mit g.Nr.	mit u.Nr.	mit g.Nr.	mit u.Nr.	mit g./u.	mit g/u/g	mit u/g/u	als EZM	als 6er Str.	als 11er Str.
506	R. 10	dkl'lilabraun	500	2.50	1.50	4.50	2.60	6.—	3.50	9.—	20.-	15.-	15.-	27.-	35.-
			1000	2.—	2.—	3.50	3.50	4.50	4.50	7.50	14.-	14.-	17.-	30.-	40.-
507	R. 20	dunkelgrün	400	3.50	1.50	6.50	3.50	8.50	5.—	12.—	23.-	20.-	22.-	38.-	55.-
			1000	2.—	2.—	4.20	4.20	6.—	6.—	9.—	17.-	17.-	18.-	29.-	40.-
508	R. 30	rot	300	3.50	3.50	7.—	7.—	10.—	10.—	15.—	30.-	30.-	16.-	35.-	50.-
			400	35.—		65.—		80.—		95.—	190.-	130.-	180.-	250.-	380.-
			1000	6.—	6.—	13.—	13.—	18.—	18.—	28.—	50.-	50.-	40.-	65.-	80.-
509	R. 50	preuß'blau	1000	14.—	14.—	32.—	32.—	45.—	45.—	62.—	115.-	115.-	90.-	145.-	190.-
510	R. 100	dunkelblau	500	60.—	60.—	140.—	140.—	220.—	220.—	300.—	530.-	530.-	240.-	480.-	730.-

Brandenburger Tor – Einzelmarken, Streifen, Rollenanfänge   x. mit Planatolgummierung

MiNr.	Wert Pfg.	Farbe der Wertzeichen	Rollengröße	Einzelmarke		3er Streifen		5er Streifen		6er Str.	11er Streifen		RA		
506x	R. 10	dkl'lilabraun	500	15.—	5.—	27.—	7.50	35.—	9.50	45.—	90.-	65.-	75.-	110.-	180.-
			1000	6.—	6.—	10.—	10.—	13.—	13.—	21.—	40.-	40.-	45.-	80.-	110.-
507x	R. 20	dunkelgrün	400	25.—	4.—	45.—	7.—	57.—	9.50	65.—	140.-	95.-	120.-	180.-	270.-
			1000	5.—	5.—	12.—	12.—	16.—	16.—	25.—	45.-	45.-	50.-	90.-	120.-
508x	R. 30	rot	300	40.—	6.—	60.—	11.—	75.—	15.—	90.—	180.-	140.-	160.-	240.-	340.-
			1000	15.—	15.—	28.—	28.—	37.—	37.—	55.—	95.-	95.-	80.-	130.-	160.-
509x	R. 50	preuß'blau	1000	30.—	30.—	60.—	60.—	85.—	85.—	120.—	220.-	220.-	150.-	260.-	380.-
510x	R. 100	dunkelblau	500	110.—	110.—	240.—	240.—	350.—	350.—	480.—	860.-	860.-	440.-	850.-	1300.-

Brandenburger Tor – Paare mit Ausgleichszähnung

MiNr.	Wert Pfg.	Farbe der Wertzeichen	Rollengröße	Paare mit Ausgleichszähnung											
				am oberen Markenrand						am unteren Markenrand					
				spitzer Zahn			breiter Zahn			spitzer Zahn			breiter Zahn		
				o. Nr.	mit g.Nr.	mit u.Nr.	o. Nr.	mit g.Nr.	mit u.Nr.	o. Nr.	mit g.Nr.	mit u.Nr.	o. Nr.	mit g.Nr.	mit u.Nr.
506	R. 10	dkl'lilabraun	500	12.50			4.50			5.50	8.50	7.—	2.—	4.—	3.—
			1000		18.—	18.—		7.50	7.50		7.50	7.50		3.50	3.50
507	R. 20	dunkelgrün	400	25.—			13.—			6.50	13.50	7.—	2.50	6.10	3.—
			1000		32.—	32.—		16.50	16.50		8.—	8.—		3.50	3.50
508	R. 30	rot	300								12.—	12.—		4.50	4.50
			400							8.—	110.—		3.—	45.—	
			1000								19.—	19.—		7.70	7.70
509	R. 50	preuß'blau	1000	110.—	150.—	150.—	60.—	80.—	80.—	32.—	45.—	45.—	18.—	24.—	24.—
510	R. 100	dunkelblau	500							130.—	190.—	190.—	90.—	120.—	120.—

Brandenburger Tor – Paare mit Ausgleichszähnung — x. mit Planatolgummierung

MiNr.	Wert Pfg.	Farbe der Wertzeichen	Rollen-größe	Paare mit Ausgleichszähnung									
				am oberen Markenrand						am unteren Markenrand			
				spitzer Zahn			breiter Zahn			spitzer Zahn			breiter Zahn	
				o. Nr.	mit g. Nr.	mit u. Nr.	o. Nr.	mit g. Nr.	mit u. Nr.	o. Nr.	mit g. Nr.	mit u. Nr.	o. Nr.	mit g. Nr.	mit u. Nr.
506 x R.	10	dkl'lilabraun	500							10.—	42.—	14.—	4.—	20.—	7.—
			1000								15.—	15.—		8.—	8.—
507 x R.	20	dunkelgrün	400							13.—	72.—	17.—	5.50	35.—	8.—
			1000								18.—	18.—		8.50	8.50
508 x R.	30	rot	300							14.50	100.—	19.—	6.50	50.—	9.—
			1000								23.—	23.—		11.—	11.—
509 x R.	50	preuß'blau	1000							65.—	85.—	85.—	35.—	48.—	48.—
510 x R.	100	dunkelblau	500							240.—	310.—	310.—	160.—	210.—	210.—

Brandenburger Tor – RE 1+4 Lf

MiNr.	Wert Pfg.	Farbe der Wertzeichen	Rollen-größe	RE 1+4 Lf			
						ohne Gummierung d. Lf.	
				türkis	hellgrau	hellgrau	grün
506 R.	10	dkl'lilabraun	500	3.—			6.—
			1000				
507 R.	20	dunkelgrün	400	4.—			8.—
			1000				
508 R.	30	rot	300	5.—	25.—	45.—	15.—
			400				
			1000				
509 R.	50	preuß'blau	1000	15.—			38.—
510 R.	100	dkl'blau	500	42.—			100.—

Brandenburger Tor – RE 1+4 Lf — x. mit Planatolgummierung

MiNr.	Wert Pfg.	Farbe der Wertzeichen	Rollen-größe				
506 x R.	10	dkl'lilabraun	300	17.—			
			1000				
507 x R.	20	dunkelgrün	400	20.—			
			1500				
508 x R.	30	rot	300	25.—			
			1000				
509 x R.	50	preuß'blau	1000	48.—			
510 x R.	100	dunkelblau	500	120.—			

Bundesrepublik Deutschland

Brandenburger Tor – RE 5+4 Lf

MiNr.	Wert Pfg.	Farbe der Wertzeichen	Rollen- größe	RE 5+4 türkis	RE 5+4 hellgrau	ohne Gummierung d. Lf. hellgrau	grün
506 R.	10	dkl'lilabr.	500	30.—			
			1000				50.—
507 R.	20	dunkelgrün	400	40.—			
			1000				60.—
508 R.	30	rot	300				
			400	50.—	280.—	550.—	110.—
			1000				
509 R.	50	preußischbl.	1000	180.—			310.—
510 R.	100	dunkelblau	500	520.—			850.—

Brandenburger Tor – RE 5+4 Lf   x. mit Planatolgummierung

MiNr.	Wert Pfg.	Farbe der Wertzeichen	Rollen- größe				
506x R.	10	dkl'lilabraun	500	110.—			
			1000				
507x R.	20	dunkelgrün	400	130.—			
			1000				
508x R.	30	rot	300	150.—			
			1000				
509x R.	50	preuß'blau	1000	320.—			
510x R.	100	dunkelblau	500	950.—			

Brandenburger Tor – RE 11+4 Lf

MiNr.	Wert Pfg.	Farbe der Wertzeichen	Rollen- größe	RE 11+4 Lf türkis	RE 11+4 Lf hellgrau	ohne Gummierung d. Lf. hellgrau	grün
506 R.	10	dkl'lilabraun	500	60.—			120.—
			1000	50.—			90.—
507 R.	20	dunkelgrün	400	80.—			190.—
			1000	70.—			110.—
508 R.	30	rot	300	90.—	500.—		180.—
			400				
			1000	150.—	550.—	950.—	350.—
509 R.	50	preuß'blau	1000	350.—			520.—
510 R.	100	dkl'blau	500	960.—			1450.—

Brandenburger Tor – RE 11+4 Lf

x. Planatolgummierung

MiNr.	Wert Pfg.	Farbe der Wertzeichen	Rollen- größe	RE 11+4 Lf		ohne Gummierung d. Lf.	
				türkis	hellgrau	hellgrau	grün
506 x R.	10	dkl'lilabraun	500	280.—			
			1000	160.—			
507 x R.	20	dunkelgrün	400	440.—			
			1000	180.—			
508 x R.	30	rot	300	580.—			
			1000	210.—			
509 x R.	50	preuß'blau	1000	550.—			
510 x R.	100	dunkelblau	500	1750.—			

Brandenburger Tor – Amtliche Flickstellen mit Rotringbanderolen

MiNr.	Wert Pfg.	Farbe der Wertzeichen	Rollen- größe	Amtliche Flickstellen mit Rotringbanderolen		
				11er-Streifen	RA als 11er-Streifen	RE 11+4 Lf türkis
506 R.	10	dkl'lilabr.	500	38.—	55.—	90.—
			1000	30.—	60.—	80.—
507 R.	20	dunkelgrün	400	45.—	75.—	110.—
			1000	34.—	65.—	100.—
508 R.	30	rot	300	55.—	70.—	95.—
			400	250.—	470.—	610.—
			1000	75.—	120.—	230.—
509 R.	50	preuß'blau	1000	150.—	310.—	510.—
510 R.	100	dunkelblau	500	680.—	920.—	1200.—

Auflagen:
(Rollen zu 3000): Nr. 506 = 7 190, Nr. 507 = 2 390 Rollen zu 3000 Marken;
(Rollen zu 1000): Nr. 506 = 482 000, Nr. 507 = 839 000, Nr. 508 = 1 394 000, Nr. 509 = 373 000 Rollen zu 1000 Marken;
(Rollen zu 500): Nr. 506 = 355 000, Nr. 510 = 427 000 Rollen zu 500 Marken;
(Rollen zu 400 bzw. 300): Nr. 507 = 933 000 Rollen zu 400, Nr. 508 = 224 000 Rollen zu 400 und 710 000 Rollen zu 300 Marken.

In den vorgenannten Rollen sind die verschweise hergestellten Rollen mit Planatolgummierung enthalten.
Zu den 3000er Rollen der Werte 10 Pfg. und 20 Pfg. gilt zu vermerken, daß diese ausschließlich für Massendrucksachen hergestellt und nicht an den Postschaltern verkauft wurden. Eine Existenz von Marken aus diesen Rollen wurde bisher von Sammlern nicht nachgewiesen.

Bundesrepublik Deutschland

1971/73. Freim.-Ausg. Unfallverhütung

wd) Brand durch Streichholz
we) Defekte Leiter
wf) Kreissäge

wg) Alkohol am Lenkrad
wh) Schutzhelm
wi) Defekter Stecker
wk) Nagel im Brett
wl) Verkehrssicherheit — Ball vor Auto
wi) Verkehrssicherheit — Ball vor Auto
wm) Schwebende Last
wn) Absperrung

Unfallverhütung – Einzelmarken, Streifen, Rollenanfänge — a. schwarze Zählnummern

MiNr.	Wert Pfg.	Farbe der Wertzeichen	Rollengröße	Einzelmarke mit g.Nr.	Einzelmarke mit u.Nr.	3er Streifen mit g.Nr.	3er Streifen mit u.Nr.	5er Streifen mit g.Nr.	5er Streifen mit u.Nr.	6er Str. mit g./u.	11er Streifen mit g/u/g	11er Streifen mit u/g/u	RA als EZM	RA als 6er Str.	RA als 11er Str.
694 R.	5	ziegelrot	500	1.80	1.80	3.80	3.80	6.—	6.—	8.—	15.—	15.—	11.—	22.—	35.—
			1000	6.50	6.50	11.—	11.—	14.—	14.—	22.—	40.—	40.—	130.—	320.—	420.—
695 A R.	10	siena	500	1.30	1.30	2.50	2.50	3.50	3.50	5.—	7.50	7.50	6.—	15.—	22.—
			1000	2.—	2.—	3.50	3.50	5.—	5.—	7.50	13.50	13.50	12.—	20.—	30.—
696 A R.	20	lebh'pur'vio.	400	1.80	1.30	4.—	3.20	5.80	4.90	7.80	15.—	14.—	12.—	19.—	28.—
			1000	1.50	1.50	3.50	3.50	5.20	5.20	7.40	13.90	13.90	11.—	17.—	26.—
697 R.	25	dkl'blaugrün	300	4.50	2.50	9.50	6.50	13.50	10.—	17.50	34.—	30.—	24.—	38.—	55.—
			1000	3.—	3.—	7.50	7.50	11.50	11.50	15.—	29.—	29.—	25.—	41.—	60.—
698 A R.	30	karminrot	300	2.50	2.—	5.—	4.—	7.30	6.20	10.—	19.—	17.50	12.—	20.—	30.—
			1000	2.—	2.—	4.—	4.—	6.20	6.20	9.—	16.50	16.50	11.—	22.—	33.—
699 A R.	40	dkl'rosalila	200	3.50	2.—	7.—	4.50	9.—	6.50	12.—	23.—	20.—	10.—	21.—	30.—
			1000	2.—	2.—	4.50	4.50	6.50	6.50	9.—	17.—	17.—	12.—	24.—	35.—
700 R.	50	grünlichblau	500	16.—	16.—	45.—	45.—	75.—	75.—	105.—	185.—	185.—	65.—	120.—	210.—
			1000	18.—	18.—	48.—	48.—	80.—	80.—	110.—	195.—	195.—	80.—	150.—	230.—
701 R.	60	violettblau	1000	12.—	12.—	30.—	30.—	50.—	50.—	65.—	120.—	120.—	70.—	120.—	180.—
702 R.	100	dkl'braunoliv	500	8.50	8.50	19.—	19.—	30.—	30.—	40.—	75.—	75.—	35.—	85.—	130.—
703 R.	150	mit'rotbraun	500	32.—	32.—	75.—	75.—	110.—	110.—	150.—	270.—	270.—	140.—	250.—	380.—
773 R.	70	violettblau/ dkl'blaugrün	500	4.50	4.50	9.50	9.50	14.—	14.—	19.—	36.—	36.—	16.—	32.—	50.—

Bundesrepublik Deutschland

Unfallverhütung – Einzelmarken, Streifen, Rollenanfänge — b. rote Zählnummern

MiNr.	Wert Pfg.	Farbe der Wertzeichen	Rollen-größe	Einzelmarke		3er Streifen		5er Streifen		6er Str.		11er Streifen		RA		
				mit g.Nr.	mit u.Nr.	mit g.Nr.	mit u.Nr.	mit g.Nr.	mit u.Nr.	mit g./u.	mit g/u/g	mit u/g/u	als EZM	als 6er Str.	als 11er Str.
695 A R.	10	siena	500	2.50	2.50	4.50	4.50	6.—	6.—	9.—	16.50	16.50	12.—	25.—	40.—
			1000	8.—	8.—	15.—	15.—	21.—	21.—	30.—	55.—	55.—	90.—	140.—	190.—
696 A R.	20	lebh'pur'vio.	400	4.—	4.—	7.50	7.50	10.50	10.50	16.—	29.—	29.—	16.—	35.—	50.—
698 A R.	30	karminrot	300	7.50	7.50	17.50	17.50	25.—	25.—	34.—	60.—	60.—	25.—	50.—	80.—
699 A R.	40	dkl'rosalila	200	8.—	3.50	15.—	7.—	18.—	10.—	28.—	50.—	40.—	28.—	39.—	55.—
			1000	4.50	4.50	9.50	9.50	13.—	13.—	17.—	33.—	33.—	25.—	42.—	60.—
700 R.	50	grünlichblau	500	18.—	18.—	40.—	40.—	60.—	60.—	80.—	150.—	150.—	70.—	150.—	220.—
			1000	22.—	22.—	50.—	50.—	75.—	75.—	100.—	180.—	180.—	110.—	190.—	280.—
702 R.	100	dkl'braunoliv	500	12.—	12.—	25.—	25.—	36.—	36.—	50.—	95.—	95.—	60.—	110.—	150.—
703 R.	150	mit'rotbraun	500	35.—	35.—	75.—	75.—	110.—	110.—	150.—	290.—	290.—	150.—	280.—	420.—
773 R.	70	violettblau/ dkl'blaugrün	500	7.—	7.—	15.—	15.—	22.—	22.—	30.—	60.—	60.—	30.—	55.—	85.—

Unfallverhütung – Einzelmarken, Streifen, Rollenanfänge — c. grüne Zählnummern

MiNr.	Wert Pfg.	Farbe der Wertzeichen	Rollen-größe	Einzelmarke		3er Streifen		5er Streifen		6er Str.		11er Streifen		RA		
				mit g.Nr.	mit u.Nr.	mit g.Nr.	mit u.Nr.	mit g.Nr.	mit u.Nr.	mit g./u.	mit g/u/g	mit u/g/u	als EZM	als 6er Str.	als 11er Str.
696 A R.	20	lebh'pur'vio.	400	3.—	3.—	5.—	5.—	6.50	6.50	12.—	22.—	22.—	15.-	24.-	35.-
698 A R.	30	karminrot	300	7.50	7.50	16.50	16.50	21.—	21.—	31.—	55.—	55.—	30.—	55.—	90.—
699 A R.	40	dkl'rosalila	200	5.—	5.—	11.—	11.—	14.—	14.—	20.—	37.—	37.—	17.—	33.—	55.—
			1000	22.—	22.—	42.—	42.—	50.—	50.—	75.—	140.—	140.—	180.—	290.—	470.—
700 R.	50	grünlichblau	500	25.—	25.—	55.—	55.—	85.—	85.—	115.—	210.—	210.—	110.—	200.—	290.—
			1000	35.—	35.—	75.—	75.—	105.—	105.—	145.—	260.—	260.—	160.—	275.—	395.—
773 R.	70	violettblau/ dkl'blaugrün	500	28.—	28.—	55.—	55.—	75.—	75.—	135.-	220.-	220.-	180.-	390.-	550.-

Unfallverhütung – Einzelmarken, Streifen, Rollenanfänge — d. blaue Zählnummern

695 A R.	10	siena	500	2.20	2.20	4.50	4.50	6.—	6.—	9.-	17.-	17.-	12.-	22.-	30.-
699 A R.	40	dkl'rosalila	1000	450.—	450.—	680.—	680.—	850.—	850.—	1400.-	2400.-	2400.-	2700.-	3800.-	4900.-
700 R.	50	grünlichblau	500	18.—	18.—	45.—	45.—	72.—	72.—	95.-	175.-	175.-	70.-	150.-	230.-
702 R.	100	dkl'braunoliv	500	10.—	10.—	25.—	25.—	35.—	35.—	50.-	100.-	100.-	55.-	100.-	140.-
703 R.	150	mit'rotbraun	500	32.—	32.—	70.—	70.—	100.-	100.-	140.-	260.-	260.-	140.-	250.-	370.-
773 R.	70	violettblau/ dkl'blaugrün	500	7.—	7.—	15.—	15.—	22.—	22.—	30.-	55.-	55.-	25.-	52.-	80.-

Unfallverhütung – Einzelmarken, Streifen, Rollenanfänge — e. blaugrüne Zählnummern

700 R.	50	grünlichblau	500	19.—	19.—	50.—	50.—	80.—	80.—	105.-	190.-	190.-	75.-	160.-	250.-
702 R.	100	dkl'braunoliv	500	95.—	95.—	150.—	150.—	175.—	175.—	280.-	490.-	490.-	350.-	560.-	750.-

Bundesrepublik Deutschland

Unfallverhütung – Paare mit Ausgleichszählung
a. schwarze Zählnummern

MiNr.	Wert Pfg.	Farbe der Wertzeichen	Rollen- größe	Paare mit Ausgleichszählung a. schwarze Zählnummern										
				am oberen Markenrand						am unteren Markenrand			
				spitzer Zahn			breiter Zahn			spitzer Zahn			breiter Zahn		
				o. Nr.	mit g. Nr.	mit u. Nr.	o. Nr.	mit g. Nr.	mit u. Nr.	o. Nr.	mit g. Nr.	mit u. Nr.	o. Nr.	mit g. Nr.	mit u. Nr.
694 R.	5	ziegelrot	500							5.—	10.—	10.—	3.—	4.—	4.—
			1000								35.—	35.—		12.—	12.—
695A R.	10	siena	500	5.50	8.—	8.—	3.50	6.50	6.50	3.—	4.50	4.50	1.80	2.50	2.50
			1000		8.50	8.50		7.—	7.—		5.50	5.50		3.—	3.—
696A R.	20	lebh'pur'vio.	400	6.—	7.—	7.—	4.—	5.50	5.50	4.—	4.50	3.50	2.30	3.50	3.—
			1000		6.50	6.50		5.—	5.—		4.50	4.50		3.30	3.30
697 R.	25	dkl'blaugrün	300							7.—	16.—	12.—	4.—	8.—	5.—
			1000								15.—	15.—		6.50	6.50
698A R.	30	karminrot	300	15.—	25.—	21.—	5.—	20.—	17.—	4.—	9.—	7.50	2.60	5.—	4.20
			1000		19.—	19.—		15.—	15.—		7.—	7.—		4.—	4.—
699A R.	40	dkl'rosalila	200	18.—	35.—	27.—	6.—	10.—	9.—	5.50	10.—	8.—	3.—	6.—	5.—
			1000		25.—	25.—		8.—	8.—		8.—	8.—		4.50	4.50
700 R.	50	grünlichblau	500	80.—	90.—	90.—	50.—	70.—	70.—	45.—	60.—	60.—	35.—	43.—	43.—
			1000		95.—	95.—		75.—	75.—		65.—	65.—		46.—	46.—
701 R.	60	violettblau	1000							37.—	60.—	60.—	25.—	35.—	35.—
702 R.	100	dkl'brauneoliv	500	40.—	50.—	50.—	25.—	35.—	35.—	22.—	30.—	30.—	15.—	20.—	20.—
703 R.	150	mit'rotbraun	500							65.—	90.—	90.—	50.—	72.—	72.—
773 R.	70	violettblau/ dkl'blaugrün	500							30.—	65.—	65.—	7.—	10.—	10.—

Unfallverhütung – Paare mit Ausgleichszählung
b. rote Zählnummern

MiNr.	Wert Pfg.	Farbe der Wertzeichen	Rollen- größe	Paare mit Ausgleichszählung b. rote Zählnummern										
				am oberen Markenrand						am unteren Markenrand			
				spitzer Zahn			breiter Zahn			spitzer Zahn			breiter Zahn		
				o. Nr.	mit g. Nr.	mit u. Nr.	o. Nr.	mit g. Nr.	mit u. Nr.	o. Nr.	mit g. Nr.	mit u. Nr.	o. Nr.	mit g. Nr.	mit u. Nr.
695A R.	10	siena	500							3.—	12.—	12.—	1.80	5.—	5.—
			1000 *								16.—	16.—		8.—	8.—
696A R.	20	lebh'pur'vio.	400				4.—	15.—	15.—				2.30	7.—	7.—
698A R.	30	karminrot	300				4.—	25.—	25.—				2.60	15.—	15.—
699A R.	40	dkl'rosalila	200							5.50	45.—	40.—	3.—	18.—	16.—
			1000								38.—	38.—		15.—	15.—
700 R.	50	grünlichblau	500	80.—			50.—			45.—	70.—	70.—	35.—	55.—	55.—
			1000		120.—	120.—		105.—	105.—		80.—	80.—		65.—	65.—
702 R.	100	dkl'brauneoliv	500							22.—	35.—	35.—	15.—	25.—	25.—
703 R.	150	mit'rotbraun	500							65.—	110.—	110.—	50.—	80.—	80.—
773 R.	70	violettblau/ dkl'blaugrün	500							30.—	65.—	65.—	7.—	18.—	18.—

Bundesrepublik Deutschland

Unfallverhütung – Paare mit Ausgleichszähnung — c. grüne Zählnummern

MiNr.	Wert Pfg.	Farbe der Wertzeichen	Rollengröße	Paare mit Ausgleichszähnung c. grüne Zählnummern									
				am oberen Markenrand				am unteren Markenrand			
				spitzer Zahn			breiter Zahn			spitzer Zahn			breiter Zahn	
				o. Nr.	mit g. Nr.	mit u. Nr.	o. Nr.	mit g. Nr.	mit u. Nr.	o. Nr.	mit g. Nr.	mit u. Nr.	o. Nr.	mit g. Nr.	mit u. Nr.
696 A R.	20	lebh'pur'vio.	400							4.—	11.—	11.—	2.30	5.—	5.—
698 A R.	30	karminrot	300							4.—	15.—	15.—	2.60	12.—	12.—
699 A R.	40	dkl'rosalila	200	18.—	50.—	50.—	6.—	22.—	22.—	5.50	30.—	30.—	3.—	14.—	14.—
			1000								60.—	60.—		40.—	40.—
700 R.	50	grünlichblau	500							45.—	95.—	95.—	35.—	80.—	80.—
			1000								125.—	125.—		90.—	90.—
773 R.	70	violettblau/ dkl'blaugrün	500							30.—	160.—	160.—	7.—	50.—	50.—

Unfallverhütung – Paare mit Ausgleichszähnung — d. blaue Zählnummern

MiNr.	Wert Pfg.	Farbe der Wertzeichen	Rollengröße	o. Nr.	mit g. Nr.	mit u. Nr.	o. Nr.	mit g. Nr.	mit u. Nr.	o. Nr.	mit g. Nr.	mit u. Nr.	o. Nr.	mit g. Nr.	mit u. Nr.
695 A R.	10	siena	500							3.—	10.—	10.—	1.80	6.50	6.50
699 A R.	40	dkl'rosalila	1000	18.—	660.—	660.—	6.—	580.—	580.—	45.—	85.—	85.—	35.—	65.—	65.—
700 R.	50	grünlichblau	500							45.—	85.—	85.—	35.—	65.—	65.—
702 R.	100	dkl'braunoliv	500							22.—	40.—	40.—	15.—	30.—	30.—
703 R.	150	mit'rotbraun	500							65.—	110.—	110.—	50.—	80.—	80.—
773 R.	70	violettblau/ dkl'blaugrün	500							30.—	60.—	60.—	7.—	21.—	21.—

Unfallverhütung – Paare mit Ausgleichszähnung — e. blaugrüne Zählnummern

MiNr.	Wert Pfg.	Farbe der Wertzeichen	Rollengröße	o. Nr.	mit g. Nr.	mit u. Nr.	o. Nr.	mit g. Nr.	mit u. Nr.	o. Nr.	mit g. Nr.	mit u. Nr.	o. Nr.	mit g. Nr.	mit u. Nr.
700 R.	50	grünlichblau	500							45.—	70.—	70.—	35.—	55.—	55.—
702 R.	100	dkl'braunoliv	500							22.—	190.—	190.—	15.—	160.—	160.—

Unfallverhütung – RE 1+4 Lf ohne Zählnummern

MiNr.	Wert Pfg.	Farbe der Wertzeichen	Rollengröße	RE 1 + 4 Lf ohne Zählnummern			
						x. m. Planatolgummierung	
				türkis	grün	grün	helltürkis
694 R.	5	ziegelrot	500	18.—	3.50		
			1000				
695 A R.	10	siena	500	50.—	3.50	5.50	4.50
			1000				
696 A R.	20	lebh'pur'vio.	400	55.—	3.80	6.—	4.80
			1000				
697 R.	25	dkl'blaugrün	300	25.—	7.—		
			1000				
698 A R.	30	karminrot	300	45.—	3.80	9.—	6.—
			1000				

Unfallverhütung – RE 1+4 Lf ohne Zählnummern (Fortsetzung)

MiNr.	Wert Pfg.	Farbe der Wertzeichen	Rollen- größe	RE 1 + 4 Lf ohne Zählnummern			
				türkis	grün	x. m. Planatol- gummierung grün	helltürkis
699 A R.	40	dkl'rosalila	200 / 1000	70.—	3.80	6.—	3.50
700 R.	50	grünl'blau	500 / 1000	60.—	21.—	25.—	20.—
701 R.	60	violettblau	1000	45.—	20.—		
702 R.	100	dkl'braunoliv	500	90.—	16.—	16.50	13.50
703 R.	150	mittelrotbr.	500	130.—	42.—	90.—	
773 R.	70	violettblau/ dkl'blaugrün	500	110.—	7.50	9.—	6.—

Unfallverhütung – RE 5+4 Lf   a. schwarze Zählnummern

MiNr.	Wert Pfg.	Farbe der Wertzeichen	Rollen- größe	RE 5 + 4 Lf a. schwarze Zählnummern			
				türkis	grün	x. m. Planatol- gummierung grün	helltürkis
694 R.	5	ziegelrot	500 / 1000	120.—	20.—		
695 A R.	10	siena	500 / 1000	420.—	20.—	35.—	30.—
696 A R.	20	lebh'pur'vio.	400 / 1000	480.—	23.—	39.—	32.—
697 R.	25	dkl'blaugrün	300 / 1000	160.—	42.—		
698 A R.	30	karminrot	300 / 1000	310.—	23.—	59.—	40.—
699 A R.	40	dkl'rosalila	200 / 1000	530.—	23.—	39.—	20.—
700 R.	50	grünl'blau	500 / 1000	410.—	140.—	155.—	130.—
701 R.	60	violettblau	1000	300.—	130.—		
702 R.	100	dkl'braunoliv	500	650.—	105.—	110.—	90.—
703 R.	150	mittelrotbr.	500	1100.—	290.—	790.—	
773 R.	70	violettblau/ dkl'blaugrün	500	750.—	50.—	60.—	40.—

Bundesrepublik Deutschland

Unfallverhütung – RE 5+4 Lf — b. rote Zählnummern

MiNr.	Wert Pfg.	Farbe der Wertzeichen	Rollen-größe	türkis	grün	grün x. m. Planatolgummierung	helltürkis
695 A R.	10	siena	500 / 1000		40.—	45.—	70.—
696 A R.	20	lebh'pur'vio.	400		70.—	50.—	
698 A R.	30	karminrot	300		70.—	85.—	150.—
699 A R.	40	dkl'rosalila	200 / 1000		60.—	40.—	120.—
700 R.	50	grünl'blau	500 / 1000	900.—	170.—	150.—	220.—
702 R.	100	dkl'braunoliv	500		140.—	120.—	190.—
703 R.	150	mittelrotbr.	500		460.—	550.—	
773 R.	70	violettblau/ dkl'blaugrün	500		70.—	85.—	130.—

Unfallverhütung – RE 5+4 Lf — c. grüne Zählnummern

MiNr.	Wert Pfg.	Farbe der Wertzeichen	Rollen-größe	türkis	grün	grün x. m. Planatolgummierung	helltürkis
696 A R.	20	lebh'pur'vio.	400		45.—	30.—	150.—
698 A R.	30	karminrot	300		95.—	85.—	210.—
699 A R.	40	dkl'rosalila	200 / 1000		60.—	45.—	120.—
700 R.	50	grünl'blau	500 / 1000		280.—	230.—	390.—
773 R.	70	violettblau/ dkl'blaugrün	500		750.—	550.—	

Unfallverhütung – RE 5+4 Lf — d. blaue Zählnummern

695 A R.	10	siena	500		40.—	30.—	80.—
699 A R.	40	dkl'rosalila	1000		4900.—	5200.—	
700 R.	50	grünl'blau	500		250.—	240.—	330.—
702 R.	100	dkl'braunoliv	500		140.—	130.—	180.—
703 R.	150	mittelrotbr.	500		540.—	480.—	
773 R.	70	violettblau/ dkl'blaugrün	500		85.—	70.—	120.—

Unfallverhütung – RE 5+4 Lf — e. blaugrüne Zählnummern

700 R.	50	grünl'blau	500		560.—	240.—	420.—
702 R.	100	dkl'braunoliv	500		1250.—	970.—	

Bundesrepublik Deutschland

Unfallverhütung – RE 11+4 Lf   a. schwarze Zählnummern

MiNr.	Wert Pfg.	Farbe der Wertzeichen	Rollen- größe	RE 11 + 4 Lf — a. schwarze Zählnummern			
				türkis	grün	grün x. m. Planatol- gummierung	helltürkis
694 R.	5	ziegelrot	500	170.—	35.—		
			1000	1300.—	980.—		
695 A R.	10	siena	500	650.—	30.—	120.—	45.—
			1000	800.—	35.—	50.—	50.—
696 A R.	20	lebh'pur'vio.	400	750.—	35.—	60.—	50.—
			1000	650.—	80.—	110.—	70.—
697 R.	25	dkl'blaugrün	300	290.—	65.—		
			1000	330.—	80.—		
698 A R.	30	karminrot	300	390.—	35.—	120.—	60.—
			1000	570.—	40.—	90.—	80.—
699 A R.	40	dkl'rosalila	200	760.—	35.—	70.—	30.—
			1000	820.—	40.—	60.—	45.—
700 R.	50	grünl'blau	500	750.—	250.—	290.—	230.—
			1000	660.—	270.—	280.—	240.—
701 R.	60	violettblau	1000	430.—	220.—		
702 R.	100	dkl'braunoliv	500	950.—	160.—	170.—	140.—
703 R.	150	mittelrotbr.	500	1600.—	510.—	1200.—	
773 R.	70	violettblau/ dkl'blaugrün	500	1100.—	80.—	90.—	60.—

Unfallverhütung – RE 11+4 Lf   b. rote Zählnummern

MiNr.	Wert Pfg.	Farbe der Wertzeichen	Rollen- größe	RE 11 + 4 Lf — b. rote Zählnummern			
				türkis	grün	grün x. m. Planatol- gummierung	helltürkis
695 A R.	10	siena	500		60.—	70.—	110.—
			1000		650.—	460.—	300.—
696 A R.	20	lebh'pur'vio.	400		110.—	80.—	
698 A R.	30	karminrot	300		120.—	140.—	260.—
699 A R.	40	dkl'rosalila	200		90.—	60.—	220.—
			1000		120.—	80.—	180.—
700 R.	50	grünl'blau	500	1300.—	310.—	270.—	360.—
			1000		360.—	330.—	390.—
702 R.	100	dkl'braunoliv	500		220.—	190.—	310.—
703 R.	150	mittelrotbr.	500		730.—	850.—	
773 R.	70	violettblau/ dkl'blaugrün	500		110.—	130.—	210.—

Bundesrepublik Deutschland

Unfallverhütung – RE 11+4 Lf — c. grüne Zählnummern

MiNr.	Wert Pfg.	Farbe der Wertzeichen	Rollengröße	türkis	grün	grün x. m. Planatolgummierung	helltürkis
696 A R.	20	lebh'pur'vio.	400	70.—	50.—		230.—
698 A R.	30	karminrot	300	150.—	130.—		320.—
699 A R.	40	dkl'rosalila	200	120.—	75.—		270.—
			1000		730.—		980.—
700 R.	50	grünl'blau	500	480.—	420.—		630.—
			1000	1200.—	630.—		
773 R.	70	violettblau/dkl'blaugrün	500	1250.—	850.—		

Unfallverhütung – RE 11+4 Lf — d. blaue Zählnummern

MiNr.	Wert Pfg.	Farbe der Wertzeichen	Rollengröße	türkis	grün	grün x. m. Planatolgummierung	helltürkis
695 A R.	10	siena	500	60.—	50.—		120.—
699 A R.	40	dkl'rosalila	1000	6500.—	6800.—		
700 R.	50	grünl'blau	500	390.—	370.—		490.—
702 R.	100	dkl'braunoliv	500	220.—	200.—		290.—
703 R.	150	mittelrotbr.	500	860.—	750.—		
773 R.	70	violettblau/dkl'blaugrün	500	130.—	110.—		190.—

Unfallverhütung – RE 11+4 Lf — e. blaugrüne Zählnummern

MiNr.	Wert Pfg.	Farbe der Wertzeichen	Rollengröße	türkis	grün	grün x. m. Planatolgummierung	helltürkis
700 R.	50	grünl'blau	500	850.—	390.—		650.—
702 R.	100	dkl'braunoliv	500	1700.—	1250.—		

Unfallverhütung – Amtliche Flickstellen mit Rotringbanderolen — a. schwarze Zählnummern

MiNr.	Wert Pfg.	Farbe der Wertzeichen	Rollengröße	11er-Streifen	RA als 11er-Streifen	RE 11+4 Lf türkis	grün	grün x. m. Planatolgummierung	helltürkis
694 R.	5	ziegelrot	500	28.—	55.—		70.—		
			1000						
695 A R.	10	siena	500	25.—	35.—		50.—		60.—
			1000	28.—	40.—		55.—		65.—
696 A R.	20	lebh'pur'vio.	400	30.—	45.—		65.—		65.—
			1000	30.—	45.—		95.—		80.—
697 R.	25	dkl'blaugrün	300	50.—	75.—		90.—		
			1000	50.—	75.—		100.—		

Bundesrepublik Deutschland

Unfallverhütung – Amtliche Flickstellen mit Rotringbanderolen (Fortsetzung) — a. schwarze Zählnummern

MiNr.	Wert Pfg.	Farbe der Wertzeichen	Rollen-größe	11er-Streifen	RA als 11er-Streifen	RE 11 + 4 Lf türkis	RE 11 + 4 Lf grün	RE 11 + 4 Lf grün x. m. Planatolgummierung	RE 11 + 4 Lf helltürkis
698 A R.	30	karminrot	300	32.—	45.—		60.—		70.—
			1000	34.—	45.—		60.—		70.—
699 A R.	40	dkl'rosalila	200	40.—	55.—		70.—		65.—
			1000	40.—	55.—		70.—		65.—
700 R.	50	grünlichblau	500	240.—	320.—		380.—		360.—
			1000	260.—	330.—		380.—		350.—
701 R.	60	violettblau	1000	180.—	250.—		320.—		
702 R.	100	dkl'braunoliv	500	110.—	160.—		230.—		190.—
703 R.	150	mit'rotbraun	500	380.—	460.—		510.—		
773 R.	70	violettblau/dkl'blaugrün	500	65.—	80.—		105.—		90.—

Unfallverhütung – Amtliche Flickstellen mit Rotringbanderolen — b. rote Zählnummern

MiNr.	Wert Pfg.	Farbe der Wertzeichen	Rollen-größe	11er-Streifen	RA als 11er-Streifen	RE 11 + 4 Lf türkis	RE 11 + 4 Lf grün	RE 11 + 4 Lf grün x. m. Planatolgummierung	RE 11 + 4 Lf helltürkis
695 A R.	10	siena	500	35.—	60.—		80.—		
			1000						
696 A R.	20	lebh.pur'vio.	400	45.—	70.—		130.—		
698 A R.	30	karminrot	300	80.—	95.—		140.—		
699 A R.	40	dkl'rosalila	200	65.—	80.—		120.—		
			1000	55.—	85.—		140.—		
700 R.	50	grünlichblau	500	190.—	260.—		390.—		
			1000	220.—	340.—		450.—		
702 R.	100	dkl'braunoliv	500	130.—	180.—		280.—		
703 R.	150	mittelrotbr.	500	360.—	550.—				
773 R.	70	violettblau/dkl'blaugrün	500	85.—	110.—		150.—		

Bundesrepublik Deutschland

Unfallverhütung – Amtliche Flickstellen mit Rotringbanderolen — c. grüne Zählnummern

MiNr.	Wert Pfg.	Farbe der Wertzeichen	Rollengröße	Amtliche Flickstellen mit Rotringbanderolen c. grüne Zählnummern					
				11er-Streifen	RA als 11er-Streifen	RE 11 + 4 Lf				
								x. m. Planatolgummierung	
						türkis	grün	grün	helltürkis
696 A R.	20	lebh'pur'vio.	400	40.—	55.—	90.—			
698 A R.	30	karminrot	300	80.—	120.—	180.—			
699 A R.	40	dkl'rosalila	200	65.—	85.—	150.—			
			1000						
700 R.	50	grünlichblau	500	270.—	360.—	610.—			
			1000	390.—	490.—				
773 R.	70	violettblau/ dkl'blaugrün	500						

Unfallverhütung – Amtliche Flickstellen mit Rotringbanderolen — d. blaue Zählnummern

695 A R.	10	siena	500	35.—	50.—	80.—
699 A R.	40	dkl'rosalila	1000			
700 R.	50	grünlichblau	500	210.—	290.—	510.—
702 R.	100	dkl'braunoliv	500	130.—	180.—	210.—
703 R.	150	mittelrotbr.	500	350.—	490.—	
773 R.	70	violettblau/ dkl'blaugrün	500	70.—	110.—	150.—

Unfallverhütung – Amtliche Flickstellen mit Rotringbanderolen — e. blaugrüne Zählnummern

| 700 R. | 50 | grünlichblau | 500 | | | |
| 702 R. | 100 | dkl'braunoliv | 500 | | | |

Unfallverhütung – Plattenfehler: gebrochenes „J" in JEDERZEIT — a. schwarze Zählnummern

MiNr.	Wert Pfg.	Farbe der Wertzeichen	Rollengröße	a. schwarze Zählnummern								
				Einzelmarke		3er Streifen		5er Streifen		6er Str.	11er Streifen	RA	
				mit g.Nr.	mit u.Nr.	mit g.Nr.	mit u.Nr.	mit g.Nr.	mit u.Nr.	mit g.Nr.	mit u.Nr.	mit g./u.	mit g/u/g	mit g/u/u	als EZM	als 6er Str.	als 11er Str.
696 AI R.	20	lebh'pur'vio.	400	90.-	65.-	130.-	100.-	145.-	120.-	155.-	190.-	175.-	220.-	270.-	360.-
			1000	75.-	75.-	110.-	110.-	130.-	130.-	140.-	170.-	170.-	200.-	240.-	340.-

Unfallverhütung – Plattenfehler: gebrochenes „J" in JEDERZEIT — b. rote Zählnummern

| 696 AI R. | 20 | lebh'pur'vio. | 400 | 190.- | 190.- | 240.- | 240.- | 260.- | 260.- | 320.- | 360.- | 360.- | 460.- | 530.- | 630.- |

Unfallverhütung – Plattenfehler: gebrochenes „J" in JEDERZEIT — c. grüne Zählnummern

| 696 AI R. | 20 | lebh'pur'vio. | 400 | 150.- | 150.- | 180.- | 180.- | 190.- | 190.- | 230.- | 260.- | 260.- | 410.- | 470.- | 550.- |

Bundesrepublik Deutschland

Unfallverhütung – Plattenfehler; Paare mit Ausgleichszähnung — a. schwarze Zählnummern

MiNr.	Wert Pfg.	Farbe der Wertzeichen	Rollen- größe	Paare mit Ausgleichszähnung am unteren Markenrand					
				spitzer Zahn			breiter Zahn		
				o. Nr.	mit g. Nr.	mit u. Nr.	o. Nr.	mit g. Nr.	mit u. Nr.
696 AI R.	20	lebh'pur'vio.	400	70.—	180.—	115.—	55.—	140.—	100.—
			1000		150.—	150.—		110.—	110.—

Unfallverhütung – Plattenfehler; Paare mit Ausgleichszähnung — b. rote Zählnummern

696 AI R.	20	lebh'pur'vio.	400	70.—	340.—	340.—	55.—	220.—	220.—

Unfallverhütung – Plattenfehler; Paare mit Ausgleichszähnung — c. grüne Zählnummern

696 AI R.	20	lebh'pur'vio.	400	70.—	310.—	310.—	55.—	190.—	190.—

Unfallverhütung – Plattenfehler; RE 5+4 Lf und RE 11+4 Lf — a. schwarze Zählnummern

MiNr.	Wert Pfg.	Farbe der Wertzeichen	Rollen- größe	RE 5 + 4 Lf				RE 11 + 4 Lf			
						x. m. Plana- tolgumm.				x. m. Plana- tolgumm.	
				türkis	grün	grün	helltürkis	türkis	grün	grün	helltürkis
696 AI R.	20	lebh'pur'vio.	400	1300.—	320.—	410.—	360.—	1850.—	450.—	580.—	520.—
			1000					1600.—		590.—	690.—	560.—

Unfallverhütung – Plattenfehler; RE 5+4 Lf und RE 11+4 Lf — b. rote Zählnummern

696 AI R.	20	lebh'pur'vio.	400		560.—	510.—			810.—	730.—	

Unfallverhütung – Plattenfehler; RE 5+4 Lf und RE 11+4 Lf — c. grüne Zählnummern

696 AI R.	20	lebh'pur-vio.	400		480.—	430.—	1050.—		690.—	620.—	1550.—

1977/80. Freim.-Ausg. Burgen und Schlösser

afe) Schloß Glücksburg afl) Schloß Pfaueninsel Berlin aiu) Burg Gemen aff) Burg Ludwigstein, Werratal afg) Burg Eltz alm) Renaissance-Schloß Wolfsburg afh) Schloß Neuschwanstein aln) Wasserschloß Inzlingen

afi) Marksburg alc) Schloß Rheydt afk) Wasserschloß Mespelbrunn aiv) Burg Vischering afl) Schloß Pfaueninsel, Berlin afm) Schloß Bürresheim aiw) Schwanenburg, Kleve aix) Burg Lichtenberg

Burgen und Schlösser – Einzelmarken, Streifen, Rollenanfänge

MiNr.	Wert Pfg.	Farbe der Wertzeichen	Rollengröße	Einzelmarke mit g.Nr.	Einzelmarke mit u.Nr.	3er Streifen mit g.Nr.	3er Streifen mit u.Nr.	5er Streifen mit g.Nr.	5er Streifen mit u.Nr.	6er Str. g./u.	11er Streifen g/u/g	11er Streifen u/g/u	RA als EZM	RA als 6er Str.	RA als 11er Str.
913A R.	10	schw'violett	500	0.35	0.35	0.80	0.80	1.20	1.20	1.80	3.50	3.50	2.—	3.60	5.50
914A R.	30	mit'ol'braun	300	0.80	0.80	1.60	1.60	2.50	2.50	3.50	6.50	6.50	1.80	4.70	8.—
			500	1.—	1.—	1.80	1.80	2.70	2.70	4.—	7.50	7.50	2.50	5.30	9.—
915 R.	40	blaugrün	200	1.30	1.30	3.40	3.40	5.50	5.50	7.—	13.—	13.—	4.20	10.—	16.—
			500	1.60	1.60	4.—	4.—	6.50	6.50	8.50	16.—	16.—	6.—	13.—	22.—
916A R.	50	dkl'kar'lila	500	1.50	1.50	4.50	4.50	7.50	7.50	9.50	18.—	18.—	4.50	13.—	21.—
917 R.	60	dkl'olivbraun	300	1.90	1.90	5.—	5.—	8.30	8.30	10.50	19.—	19.—	5.50	14.—	23.—
			500	2.50	2.50	5.80	5.80	9.—	9.—	12.—	23.—	23.—	7.50	17.—	28.—
918 R.	70	mittelblau	500	2.80	2.80	6.50	6.50	10.30	10.30	13.50	24.—	24.—	10.—	22.—	35.—
919 R.	190	dkl'bräunl'rot	300	5.20	5.20	12.80	12.80	20.50	20.50	26.—	48.—	48.—	15.—	36.—	59.—
920 R.	200	dkl'olivgrün	300	4.40	4.40	11.50	11.50	17.—	17.—	24.—	42.—	42.—	12.—	30.—	50.—
995 R.	20	rotorange	300	0.50	0.50	1.20	1.20	1.80	1.80	2.50	5.—	5.—	2.30	4.50	7.—
996 R.	25	lebhaftrot	300	0.80	0.80	1.70	1.70	2.30	2.30	3.50	6.50	6.50	4.50	8.—	13.—
			1000	1.30	1.30	2.70	2.70	3.50	3.50	5.50	10.—	10.—	12.—	21.—	30.—
997 R.	90	violettblau	500	1.90	1.90	5.—	5.—	7.20	7.20	10.50	19.50	19.50	6.50	15.—	25.50
998 R.	210	rotbraun	300	4.50	4.50	11.—	11.—	16.—	16.—	23.—	43.—	43.—	14.—	32.—	55.—
999 R.	230	schw'bl'grün	300	4.80	4.80	12.—	12.—	17.50	17.50	25.—	47.—	47.—	15.—	35.—	61.—
1028A R.	60	karmin	300	1.20	1.20	3.—	3.—	4.50	4.50	6.—	11.50	11.50	3.40	8.—	14.—
			500	1.30	1.30	3.50	3.50	5.30	5.30	7.20	13.50	13.50	5.—	10.70	18.—
1037 R.	40	dunkelbraun	200	0.90	0.90	2.—	2.—	3.20	3.20	4.50	8.50	8.50	2.20	5.80	10.—
			500	1.10	1.10	2.30	2.30	3.50	3.50	5.—	9.50	9.50	3.30	7.10	12.—
1038A R.	50	glbl'grün	500	1.10	1.10	2.40	2.40	3.80	3.80	5.50	10.50	10.50	3.80	8.20	13.50

Bundesrepublik Deutschland

Burgen und Schlösser – Paare mit Ausgleichszähnung

MiNr.	Wert Pfg.	Farbe der Wertzeichen	Rollen- größe	Paare mit Ausgleichszähnung									
				am oberen Markenrand						am unteren Markenrand			
				spitzer Zahn			breiter Zahn			spitzer Zahn			breiter Zahn	
				o. Nr.	mit g. Nr.	mit u. Nr.	o. Nr.	mit g. Nr.	mit u. Nr.	o. Nr.	mit g. Nr.	mit u. Nr.	o. Nr.	mit g. Nr.	mit u. Nr.
913A R.	10	schw'violett	500							1.50	1.90	1.90	1.10	1.40	1.40
914A R.	30	mit'olivbraun	300							1.80	2.20	2.20	1.40	1.60	1.60
			500								2.60	2.60		1.90	1.90
915 R.	40	blaugrün	200	6.80			4.50			3.90	4.90	4.90	2.80	3.50	3.50
			500		9.50	9.50		6.50	6.50		6.—	6.—		4.20	4.20
916A R.	50	dkl'kar'lila	500							4.40	6.—	6.—	3.30	4.50	4.50
917 R.	60	dkl'olivbraun	300	8.20			6.20			5.20	6.—	6.—	4.—	4.80	4.80
			500		10.50	10.50		8.—	8.—		7.—	7.—		5.30	5.30
918 R.	70	mittelblau	500	7.50	9.80	9.80	6.50	8.50	8.50	4.80	5.70	5.70	4.30	5.10	5.10
919 R.	190	d'bräunl'rot	300							10.50	14.50	14.50	7.90	9.60	9.60
920 R.	200	dkl'olivgrün	300							10.—	14.—	14.—	7.50	9.10	9.10
995 R.	20	rotorange	300	4.80	6.50	6.50	3.—	4.50	4.50	1.90	2.80	2.80	1.30	1.60	1.60
996 R.	25	lebhaftrot	300							2.80	3.50	3.50	1.50	1.90	1.90
			1000								4.50	4.50		2.60	2.60
997 R.	90	violettblau	500	9.—	11.—	11.—	6.50	8.60	8.60	6.—	7.80	7.80	3.80	5.—	5.—
998 R.	210	rotbraun	300							10.50	13.50	13.50	8.80	10.50	10.50
999 R.	230	schw'bl'grün	300							10.—	13.20	13.20	8.50	9.80	9.80
1028A R.	60	karmin	300							3.20	3.80	3.80	2.50	3.10	3.10
			500								4.20	4.20		3.40	3.40
1037 R.	40	dunkelbraun	200							2.80	4.10	4.10	1.80	2.20	2.20
			500								4.50	4.50		2.60	2.60
1038A R.	50	gelblichgrün	500							4.10	5.10	5.10	2.50	2.90	2.90

Burgen und Schlösser – RE 1+4 Lf

MiNr.	Wert Pfg.	Farbe der Wertzeichen	Rollen- größe	RE 1+4 Lf			
						x. mit Planatol- gummierung	
				türkis	grün	grün	helltürkis	gelbtürkis
913A R.	10	schw'violett	500	50.—	7.—	8.—	1.50	1.50
914A R.	30	mit'olivbr.	300	30.—	6.—	7.—	1.90	4.—
			500					
915 R.	40	blaugrün	200	21.—	7.—	8.—	2.—	4.—
			500					
916A R.	50	dkl'karminlil.	500	23.—	9.—	12.—	2.50	3.50
917 R.	60	dkl'olivbr.	300	26.—	10.—	11.—	3.—	4.—
			500					
918 R.	70	mittelblau	500	42.—	13.—	16.—	6.—	
919 R.	190	dkl'bräunl'rot	300	75.—	16.—	20.—	8.—	
920 R.	200	dkl'ol'grün	300	38.—	13.—	15.—	7.—	4.—

Burgen und Schlösser – RE 1+4 Lf (Fortsetzung)

MiNr.	Wert Pfg.	Farbe der Wertzeichen	Rollen- größe	RE 1+4 Lf				
				türkis	grün	grün x. mit Planatol- gummierung	helltürkis	gelbtürkis
995 R.	20	rotorange	300		12.—		1.80	1.80
996 R.	25	lebhaftrot	300				2.—	4.—
			1000					
997 R.	90	violettblau	500		10.—	12.—	3.—	3.50
998 R.	210	rotbraun	300	70.—	40.—	50.—	6.—	6.—
999 R.	230	schw'bl'grün	300		14.—	16.—	6.—	6.—
1028A R.	60	karmin	300		12.—	14.—	3.50	3.—
			500					
1037 R.	40	dkl'braun	200		10.—	13.—	3.20	2.50
			500					
1038A R.	50	gelblichgrün	500		12.—	13.—	3.50	2.80

Burgen und Schlösser – RE 5+4 Lf

MiNr.	Wert Pfg.	Farbe der Wertzeichen	Rollen- größe	RE 5+4 Lf				
				türkis	grün	grün x. mit Planatol- gummierung	helltürkis	gelbtürkis
913A R.	10	schw'violett	500	600.—	45.—	55.—	5.—	5.—
914A R.	30	mit'olivbr.	300	390.—	40.—	45.—	9.—	30.—
			500					
915 R.	40	blaugrün	200	260.—	45.—	50.—	16.—	25.—
			500					
916A R.	50	dkl'karminlil.	500	290.—	60.—	80.—	15.—	22.—
917 R.	60	dkl'olivbr.	300	320.—	65.—	75.—	22.—	25.—
			500					
918 R.	70	mittelblau	500	520.—	90.—	110.—	30.—	
919 R.	190	dkl'bräunl'rot	300	950.—	110.—	140.—	50.—	
920 R.	200	dkl'ol'grün	300	480.—	90.—	100.—	45.—	50.—
995 R.	20	rotorange	300		90.—		6.—	6.—
996 R.	25	lebhaftrot	300				16.—	30.—
			1000					
997 R.	90	violettblau	500		80.—	100.—	18.—	22.—
998 R.	210	rotbraun	300	900.—	400.—	450.—	45.—	45.—
999 R.	230	schw'bl'grün	300		120.—	140.—	45.—	45.—
1028A R.	60	karmin	300		95.—	110.—	26.—	15.—
			500					
1037 R.	40	dunkelbraun	200		90.—	105.—	22.—	10.—
			500					
1038A R.	50	gelblichgrün	500		95.—	105.—	25.—	12.—

Bundesrepublik Deutschland

Burgen und Schlösser – RE 11+4 Lf

MiNr.	Wert Pfg.	Farbe der Wertzeichen	Rollen-größe	RE 11+4 Lf				
						x. mit Planatol-gummierung		
				türkis	grün	grün	helltürkis	gelbtürkis
913A R.	10	schw'violett	500	800.—	55.—	70.—	7.—	7.—
914A R.	30	mit'olivbraun	300	420.—	50.—	60.—	13.—	40.—
			500					
915 R.	40	blaugrün	200	350.—	60.—	70.—	24.—	36.—
			500					
916A R.	50	dkl'kar'lila	500	390.—	85.—	100.—	23.—	30.—
917 R.	60	dkl'olivbraun	300	450.—	85.—	110.—	33.—	40.—
			500					
918 R.	70	mittelblau	500	700.—	130.—	150.—	45.—	
919 R.	190	dkl'br'lichrot	300	1300.—	160.—	190.—	80.—	
920 R.	200	dkl'ol'grün	300	650.—	120.—	130.—	65.—	75.—
995 R.	20	rotorange	300		120.—		8.—	8.—
996 R.	25	lebhaftrot	300				22.—	40.—
			1000				140.—	60.—
997 R.	90	violettblau	500		110.—	130.—	28.—	30.—
998 R.	210	rotbraun	300	1200.—	500.—	550.—	60.—	60.—
999 R.	230	schw'bl'grün	300		160.—	180.—	65.—	65.—
1028A R.	60	karmin	300		130.—	150.—	35.—	20.—
			500					
1037 R.	40	dkl'braun	200		120.—	140.—	30.—	15.—
			500					
1038A R.	50	gelblichgrün	500		130.—	140.—	35.—	16.—

Burgen und Schlösser – RE 11+4 Lf, amtliche Flickstellen mit Rotringbanderolen

MiNr.	Wert Pfg.	Farbe der Wertzeichen	Rollen-größe	Amtliche Flickstellen mit Rotringbanderolen				
				11er-Streifen	RA als 11er-Streifen	RE 11+4 Lf		
							x. mit Plana-tolgummier.	
						türkis	grün	grün	helltürkis	gelbtürkis
913 A R.	10	schw'violett	500	32.—	46.—		60.—	75.—
914 A R.	30	mit'ol'braun	300	45.—	62.—		85.—	105.—
			500	36.—	48.—		65.—	85.—
915 R.	40	blaugrün	200	38.—	50.—		65.—	90.—
			500	45.—	58.—		75.—	95.—
916 A R.	50	dkl'kar'lila	500	48.—	65.—		80.—	110.—
917 R.	60	dkl'olivbraun	300	55.—	80.—		100.—	120.—
			500	52.—	75.—		90.—	110.—
918 R.	70	mittelblau	500	65.—	95.—		130.—	
919 R.	190	dkl'bräunl'rot	300	95.—	140.—		190.—	
920 R.	200	dkl'olivgrün	300	90.—	130.—		180.—	190.—

Burgen und Schlösser – RE 11+4 Lf, amtliche Flickstellen mit Rotringbanderolen (Fortsetzung)

MiNr.	Wert Pfg.	Farbe der Wertzeichen	Rollen-größe	Amtliche Flickstellen mit Rotringbanderolen					
				11er-Streifen	RA als 11er-Streifen	RE 11 + 4 Lf			
								x. mit Planatolgummier.		
						türkis	grün	grün	helltürkis	gelbtürkis
995 R.	20	rotorange	300	40.—	55.—				70.—	90.—
996 R.	25	lebhaftrot	300	75.—	120.—				150.—	170.—
			1000	90.—	150.—				260.—	210.—
997 R.	90	violettblau	500	70.—	85.—				110.—	120.—
998 R.	210	rotbraun	300	95.—	140.—				180.—	200.—
999 R.	230	schw'bl'grün	300	90.—	130.—				150.—	160.—
1028A R.	60	karmin	300	45.—	60.—				80.—	80.—
			500	50.—	70.—				90.—	90.—
1037 R.	40	dunkelbraun	200	35.—	45.—				60.—	60.—
			500	40.—	50.—				70.—	70.—
1038A R.	50	gelblichgrün	500	45.—	60.—				80.—	80.—

Auflagen (Rollen zu 500): Nr. 915 = 430 000, Nr. 916 = 1 614 420, Nr. 917 = 834 390 Rollen zu 500 Marken;
Auflagen (Rollen zu 200 bzw. 300): Nr. 915 = 430 000 Rollen zu 200, Nr. 917 = 132 220 Rollen zu 300 Stück.

Berlin (West)

1949. Freim.-Ausg. Berliner Bauten

g) Kolonnaden am Kleistpark in Schöneberg

Berliner Bauten – Einzelmarken, Streifen, Paare mit Ausgleichszähnung

MiNr.	Wert Pfg.	Farbe der Wertzeichen	Rollen-größe	ohne rückseitige Zählnummern			Paare mit Ausgleichszähnung			
				EZM	5er-Streifen	11er-Streifen	am linken Markenrand		am rechten Markenrand	
							spitz. Zahn	breit. Zahn	spitz. Zahn	breit. Zahn
47 v	R. 10	gelblichgrün	500 / 1000	60.—	440.—	1400.—			370.—	180.—

Berliner Bauten – RE 1+4 Lf (am linken Markenrand)

MiNr.	Wert Pfg.	Farbe der Wertzeichen	Rollen-größe	ohne rückseitige Zählnummern			
				RE 1 + 4 Lf (am linken Markenrand)			
				geriffelte Gummierung		glatte Gummierung	
				graugrün	grau	grau	dunkelgelb
47 v	R. 10	gelblichgrün	500 / 1000	590.—	550.—		

Berliner Bauten – RE 1+4 Lf (am rechten Markenrand)

47 v	R.	10	gelblichgrün	500 / 1000	710.—	660.—		

Berliner Bauten – RE 5+4 Lf (am linken Markenrand)

MiNr.	Wert Pfg.	Farbe der Wertzeichen	Rollen-größe	ohne rückseitige Zählnummern			
				RE 5 + 4 Lf (am linken Markenrand)			
				geriffelte Gummierung		glatte Gummierung	
				graugrün	grau	grau	dunkelgelb
47 v	R. 10	gelblichgrün	500 / 1000	4900.—	4700.—		

Berliner Bauten – RE 5+4 Lf (am rechten Markenrand)

47 v	R.	10	gelblichgrün	500 / 1000	5900.—	5500.—		

Berliner Bauten – RE 11+4 Lf (am linken Markenrand)

MiNr.	Wert Pfg.	Farbe der Wertzeichen	Rollen- größe	ohne rückseitige Zählnummern			
				RE 11 + 4 Lf (am linken Markenrand)			
				geriffelte Gummierung		glatte Gummierung	
				graugrün	grau	grau	dunkelgelb
47 v R.	10	gelblichgrün	500	7300.—	6900.—		
			1000				

Berliner Bauten – RE 11+4 Lf (am rechten Markenrand)

47 v R.	10	gelblichgrün	500	8400.—	7800.—		
			1000				

Gültig bis 31. 12. 1958

Berlin (West) 57

1956/59. Freim.-Ausg. Berliner Stadtbilder

bt) Landespostdirektion Berlin

bu) Funkturm und Ausstellungshallen

bv) Rathaus Neukölln

bw) Ruine der Kaiser-Wilhelm-Gedächtniskirche

bx) Luftbrückendenkmal in Tempelhof

by) Henry-Ford-Bau der Freien Universität Berlin

bz) Lilienthaldenkmal am Teltowkanal in Lichterfelde

ce) Schillertheater

Berliner Stadtbilder – Einzelmarken, Streifen, Paare mit Ausgleichszählung

MiNr.	Wert Pfg.	Farbe der Wertzeichen	Rollengröße	11er-Streifen	ohne rückseitige Zählnummern; Paare mit Ausgleichszählung			
					am oberen Markenrand		am unteren Markenrand	
					spitzer Zahn	breiter Zahn	spitzer Zahn	breiter Zahn
141 v R.	5	mattpurpur	1000	1100.—			40.—	30.—
142 v R.	7	bläul'grün	1000	620.—			35.—	20.—
144 v R.	10	grün	1000	900.—			44.—	33.—
146 v R.	20	lilarot	1000	1300.—			41.—	29.—
152 v R.	70	pur'violett	1000	2200.—			360.—	250.—

Berliner Stadtbilder – RE 1+4 Lf

MiNr.	Wert Pfg.	Farbe der Wertzeichen	Rollengröße	ohne rückseitige Zählnummern				
				RE 1 + 4 Lf				
				geriffelte Gummierung		glatte Gummierung		
				graugrün	grau	grau	dunkelgelb	hellgelb
141 v R.	5	mattpurpur	1000					
142 v R.	7	bläul'grün	1000			180.—		
144 v R.	10	grün	1000					
146 v R.	20	lilarot	1000					
152 v R.	70	pur'violett	1000	650.—				

Berliner Stadtbilder – RE 5+4 Lf

MiNr.	Wert Pfg.	Farbe der Wertzeichen	Rollengröße	ohne rückseitige Zählnummern				
				RE 5 + 4 Lf				
				geriffelte Gummierung		glatte Gummierung		
				graugrün	grau	grau	dunkelgelb	hellgelb
141 v R.	5	mattpurpur	1000					
142 v R.	7	bläul'grün	1000			1500.—		
144 v R.	10	grün	1000					
146 v R.	20	lilarot	1000					
152 v R.	70	pur'violett	1000	6600.—				

Berliner Stadtbilder – RE 11+4 Lf

MiNr.	Wert Pfg.	Farbe der Wertzeichen	Rollen- größe	ohne rückseitige Zählnummern RE 11 + 4 Lf			
				geriffelte Gummierung		glatte Gummierung	
				graugrün	grau	grau	dunkelgelb	hellgelb
141 v R.	5	mattpurpur	1000					
142 v R.	7	bläul'grün	1000			2100.–		
144 v R.	10	grün	1000					
146 v R.	20	lilarot	1000					
152 v R.	70	pur'violett	1000	9500.–				

Berliner Stadtbilder – Einzelmarken, Streifen, Rollenanfänge

MiNr.	Wert Pfg.	Farbe der Wertzeichen	Rollen- größe	Einzelmarke		3er Streifen		5er Streifen		6er Str.	11er Streifen		RA		
				mit g.Nr.	mit u.Nr.	mit g.Nr.	mit u.Nr.	mit g.Nr.	mit u.Nr.	mit g./u.	mit g/u/g	mit u/g/u	als EZM	als 6er Str.	als 11er Str.
141 v R.	5		●1000	30.–	30.–	55.–	55.–	70.–	70.–	110.–	210.–	210.–	250.–	390.–	560.–
141 w R.	5	mattpurpur	1000	20.–	20.–	40.–	40.–	55.–	55.–	80.–	150.–	150.–	180.–	280.–	400.–
			●1000		35.–		80.–			115.–	145.–	230.–	290.–	350.–	490.–
142 v R.	7	bläul'grün	●1000	22.–	22.–	48.–	48.–	60.–	60.–	85.–	170.–	170.–	190.–	300.–	430.–
143 v R.	8	grüngrau	●1000	30.–	30.–	60.–	60.–	75.–	75.–	120.–	240.–	240.–	260.–	410.–	590.–
144 v R.	10	grün	●1000	28.–	28.–	65.–	65.–	85.–	85.–	125.–	245.–	245.–	240.–	390.–	570.–
144 w R.	10		●1000	50.–	50.–	110.–	110.–	140.–	140.–	210.–	410.–	410.–	430.–	680.–	980.–
145 v R.	15		●1000	30.–	30.–	65.–	65.–	90.–	90.–	135.–	260.–	260.–	255.–	410.–	600.–
145 w R.	15	dkl'blau	1000	25.–	25.–	55.–	55.–	70.–	70.–	105.–	200.–	200.–	210.–	335.–	490.–
			●1000		40.–		85.–			110.–	150.–	250.–	310.–	390.–	610.–
146 v R.	20	lilarot	●1000	32.–	32.–	70.–	70.–	90.–	90.–	135.–	260.–	260.–	270.–	430.–	630.–
146 w R.	20		●1000	60.–	60.–	130.–	130.–	170.–	170.–	250.–	480.–	480.–	510.–	810.–	1180.–
147 v R.	25	karminrot	●1000	40.–	40.–	115.–	115.–	150.–	150.–	210.–	410.–	410.–	340.–	590.–	890.–
147 w R.	25		1000	35.–	35.–	70.–	70.–	90.–	90.–	140.–	270.–	270.–	310.–	480.–	690.–
			●1000		50.–		110.–			140.–	190.–	320.–	380.–	540.–	770.–
152w. R.	70	pur'violett	●1000	210.–	210.–	450.–	450.–	670.–	670.–	960.–	1880.–	1880.–	1790.–	2940.–	4340.–
152wKR.	70		●1000	170.–	170.–	390.–	390.–	580.–	580.–	860.–	1650.–	1650.–	1450.–	2430.–	3610.–
187 w R.	8	orangerot	1000	19.–	19.–	37.–	37.–	45.–	45.–	70.–	130.–	130.–	170.–	260.–	390.–
			●1000		35.–		65.–			80.–	120.–	190.–	240.–	330.–	510.–

Berliner Stadtbilder – Paare mit Ausgleichszählung

MiNr.	Wert Pfg.	Farbe der Wertzeichen	Rollen- größe	Paare mit Ausgleichszählung								
				am oberen Markenrand				am unteren Markenrand			
				spitzer Zahn		breiter Zahn		spitzer Zahn		breiter Zahn	
				o. Nr.	mit g. Nr.	mit u. Nr.	o. Nr.	mit g. Nr.	mit u. Nr.	o. Nr.	mit g. Nr.	mit u. Nr.	o. Nr.	mit g. Nr.	mit u. Nr.
141 v R.	5	mattpurpur	●1000							31.–	45.–	45.–	24.–	39.–	39.–
141 w R.	5		1000							19.–	36.–	36.–	13.–	28.–	28.–
			●1000									63.–			49.–
142 v R.	7	bläul'grün	●1000							24.–	42.–	42.–	16.–	31.–	31.–

Berliner Stadtbilder – Paare mit Ausgleichszähnung (Fortsetzung)

MiNr.	Wert Pfg.	Farbe der Wertzeichen	Rollen-größe	Paare mit Ausgleichszähnung											
				am oberen Markenrand						am unteren Markenrand					
				spitzer Zahn			breiter Zahn			spitzer Zahn			breiter Zahn		
				o. Nr.	mit g. Nr.	mit u. Nr.	o. Nr.	mit g. Nr.	mit u. Nr.	o. Nr.	mit g. Nr.	mit u. Nr.	o. Nr.	mit g. Nr.	mit u. Nr.
143 v R.	8	grüngrau	● 1000							27.–	50.–	50.–	21.–	42.–	42.–
144 v R.	10	grün	● 1000							45.–	85.–	85.–	36.–	70.–	70.–
144 w R.	10		● 1000							31.–	48.–	48.–	25.–	39.–	39.–
185 v R.	15	dkl'blau	● 1000							36.–	56.–	56.–	26.–	42.–	42.–
145 w R.	15		1000							31.–	43.–	43.–	25.–	35.–	35.–
			● 1000									68.–			56.–
146 v R.	20	lilarot	● 1000							39.–	58.–	58.–	27.–	45.–	45.–
146 w R.	20		● 1000							45.–	100.–	100.–	36.–	84.–	84.–
147 v R.	25	karminrot	● 1000							42.–	75.–	75.–	30.–	56.–	56.–
147 w R.	25		1000							31.–	60.–	60.–	25.–	49.–	49.–
			● 1000									95.–			70.–
152 w R.	70	pur'violett	● 1000							360.–	610.–	610.–	250.–	430.–	430.–
152wKR.	70		● 1000								470.–	470.–		370.–	370.–
187 w R.	8	orangerot	1000							17.–	46.–	46.–	9.–	26.–	26.–
			● 1000									78.–			48.–

Berliner Stadtbilder – RE 1+4 Lf mit rotem Adlerstempel

MiNr.	Wert Pfg.	Farbe der Wertzeichen	Rollen-größe	Leerfelder mit rotem Adlerstempel RE 1 + 4 Lf				
				graugrün geriffelt	grau geriffelt	grau glatt	dunkelgelb	hellgelb
141 v R.	5	mattpurpur	● 1000	110.—	100.—	90.—	80.—	
141 w R.	5		1000					
			● 1000	90.—	80.—	70.—	65.—	
142 v R.	7	bläul'grün	● 1000	110.—	100.—	90.—		
143 v R.	8	grüngrau	● 1000	175.—	160.—		150.—	
144 v R.	10	grün	● 1000	155.—	140.—	130.—	120.—	
144 w R.	10		● 1000					
145 v R.	15	dunkelblau	● 1000	160.—	140.—	130.—	120.—	
145 w R.	15		1000	145.—	135.—	110.—	95.—	
			● 1000					
146 v R.	20	lilarot	● 1000	170.—	150.—	130.—		
146 w R.	20		● 1000			220.—		
147 v R.	25	karminrot	● 1000		180.—	170.—		
147 w R.	25		1000	190.—			120.—	160.—
			● 1000					

Berliner Stadtbilder – RE 1+4 Lf mit rotem Adlerstempel (Fortsetzung)

MiNr.	Wert Pfg.	Farbe der Wertzeichen	Rollen- größe	Leerfelder mit rotem Adlerstempel RE 1 + 4 Lf				
				graugrün geriffelt	grau geriffelt	grau glatt	dunkelgelb	hellgelb
152 w R.	70	purpurviolett	● 1000		650.—			
152wK R.	70		● 1000		520.—			
187 w R.	8	orangerot	1000 ● 1000		60.—	55.—	50.—	

Berliner Stadtbilder – RE 5+4 Lf mit rotem Adlerstempel

MiNr.	Wert Pfg.	Farbe der Wertzeichen	Rollen- größe	Leerfelder mit rotem Adlerstempel RE 5 + 4 Lf				
				graugrün geriffelt	grau geriffelt	grau glatt	dunkelgelb	hellgelb
141 v R.	5	mattpurpur	● 1000	930.—	860.—	810.—	720.—	
141 w R.	5		1000	780.—	690.—	610.—		
			● 1000	810.—	790.—	730.—	650.—	
142 v R.	7	bläul'grün	● 1000	900.—	840.—	750.—		
143 v R.	8	grüngrau	● 1000	1450.—	1350.—		1200.—	
144 v R.	10	grün	● 1000	1250.—	1170.—	1110.—	1050.—	
144 w R.	10		● 1000					
145 v R.	15	dunkelblau	● 1000	1300.—	1190.—	1100.—	1030.—	
145 w R.	15		1000	1200.—		970.—	900.—	
			● 1000		1150.—	1050.—	970.—	
146 v R.	20	lilarot	● 1000	1400.—	1250.—	1100.—		
146 w R.	20		● 1000		1800.—			
147 v R.	25	karminrot	● 1000		1500.—	1400.—		
147 w R.	25		1000				1200.—	1300.—
			● 1000	1600.—			1300.—	
152 w R.	70	purpurviolett	● 1000		5400.—			
152wK R.	70		● 1000		4500.—			
187 w R.	8	orangerot	1000		620.—	580.—	520.—	
			● 1000		760.—	710.—	640.—	

Berliner Stadtbilder – RE 11+4 Lf mit rotem Adlerstempel

MiNr.	Wert Pfg.	Farbe der Wertzeichen	Rollen- größe	Leerfelder mit rotem Adlerstempel RE 11 + 4 Lf				
				graugrün geriffelt	grau geriffelt	grau glatt	dunkelgelb	hellgelb
141 v R.	5	mattpurpur	● 1000	1400.—	1250.—	1160.—	1000.—	
141 w R.	5		1000	1150.—	1000.—	880.—		
			● 1000	1250.—	1200.—	1080.—	950.—	
142 v R.	7	bläul'grün	● 1000	1300.—	1250.—	1100.—		
143 v R.	8	grüngrau	● 1000	2200.—	2050.—		1800.—	

Berlin (West)

Berliner Stadtbilder – RE 11+4 Lf mit rotem Adlerstempel (Fortsetzung)

MiNr.	Wert Pfg.	Farbe der Wertzeichen	Rollen- größe	Leerfelder mit rotem Adlerstempel RE 11 + 4 Lf				
				graugrün geriffelt	grau geriffelt	grau glatt	dunkelgelb	hellgelb
144 v R.	10	grün	● 1000	1900.—	1750.—	1600.—	1500.—	
144 w R.	10		● 1000					
145 v R.	15	dunkelblau	● 1000	2000.—	1820.—	1650.—	1530.—	
145 w R.	15		1000	1780.—		1430.—	1320.—	
			● 1000		1670.—	1520.—	1410.—	
146 v R.	20	lilarot	● 1000	2120.—	1880.—	1650.—		
146 w R.	20		● 1000			2800.—		
147 v R.	25	karminrot	● 1000		2150.—	2000.—		
147 w R.	25		1000				1710.—	1800.—
			● 1000	2300.—			1900.—	
152 w R.	70	purpurviolett	● 1000		7500.—			
152wK R.	70		● 1000		6200.—			
187 w R.	8	orangerot	1000		900.—	840.—	750.—	
			● 1000		1150.—	1050.—	950.—	

Berliner Stadtbilder – RE 1+4 Lf ohne roten Adlerstempel

MiNr.	Wert Pfg.	Farbe der Wertzeichen	Rollen- größe	Leerfelder ohne roten Adlerstempel RE 1 + 4 Lf				
				graugrün geriffelt	grau geriffelt	grau glatt	dunkelgelb	hellgelb
141 v R.	5	mattpurpur	● 1000					
141 w R.	5		1000					
			● 1000					
142 v R.	7	bläul'grün	● 1000	130.—		100.—		
143 v R.	8	grüngrau	● 1000	210.—				
144 v R.	10	grün	● 1000					
144 w R.	10		● 1000					
145 v R.	15	dunkelblau	● 1000					
145 w R.	15		1000					
			● 1000					
146 v R.	20	lilarot	● 1000					
146 w R.	20		● 1000					
147 v R.	25	karminrot	● 1000			190.—		
147 w R.	25		1000					
			● 1000					
152 w R.	70	purpurviolett	● 1000			680.—		
152wK R.	70		● 1000					
187 w R.	8	orangerot	1000					
			● 1000					

Berliner Stadtbilder – RE 5+4 Lf ohne roten Adlerstempel

MiNr.	Wert Pfg.	Farbe der Wertzeichen	Rollengröße	Leerfelder ohne roten Adlerstempel RE 5 + 4 Lf				
				graugrün geriffelt	grau geriffelt	grau glatt	dunkelgelb	hellgelb
141 v R.	5	mattpurpur	● 1000					
141 w R.	5		1000					
			● 1000					
142 v R.	7	bläul'grün	● 1000	1050.—		850.—		
143 v R.	8	grüngrau	● 1000	1750.—				
144 v R.	10	grün	● 1000					
144 w R.	10		● 1000					
145 v R.	15	dunkelblau	● 1000					
145 w R.	15		1000					
			● 1000					
146 v R.	20	lilarot	● 1000					
146 w R.	20		● 1000					
147 v R.	25	karminrot	● 1000			1600.—		
147 w R.	25		1000					
			● 1000					
152 w R.	70	purpurviolett	● 1000			5700.—		
152wK R.	70		● 1000					
187 w R.	8	orangerot	1000					
			● 1000					

Berliner Stadtbilder – RE 11+4 Lf ohne roten Adlerstempel

MiNr.	Wert Pfg.	Farbe der Wertzeichen	Rollengröße	Leerfelder ohne roten Adlerstempel RE 11 + 4 Lf				
				graugrün geriffelt	grau geriffelt	grau glatt	dunkelgelb	hellgelb
141 v R.	5	mattpurpur	● 1000					
141 w R.	5		1000					
			● 1000					
142 v R.	7	bläul'grün	● 1000	1500.—		1200.—		
143 v R.	8	grüngrau	● 1000	2500.—				
144 v R.	10	grün	● 1000					
144 w R.	10		● 1000					
145 v R.	15	dunkelblau	● 1000					
145 w R.	15		1000					
			● 1000					

Berlin (West)

Berliner Stadtbilder – RE 11+4 Lf ohne roten Adlerstempel (Fortsetzung)

MiNr.	Wert Pfg.	Farbe der Wertzeichen	Rollengröße	Leerfelder ohne roten Adlerstempel RE 11 + 4 Lf				
				graugrün geriffelt	grau geriffelt	grau glatt	dunkelgelb	hellgelb
146 v R.	20	lilarot	● 1000					
146 w R.	20		● 1000					
147 v R.	25	karminrot	● 1000			2300.—		
147 w R.	25		1000					
			● 1000					
152 w R.	70	purpurviolett	● 1000			8000.—		
152 wKR.	70		● 1000					
187 w R.	8	orangerot	1000					
			● 1000					

Berliner Stadtbilder – Amtliche Flickstellen

MiNr.	Wert Pfg.	Farbe der Wertzeichen	Rollengröße	Amtliche Flickstellen					
				11er-Streifen	RA als 11er-Streifen	RE 11 + 4 Lf			
						geriffelte Gummierung		glatte Gummierung	
						graugrün	grau	grau dunkelgelb	hellgelb
141 v R.	5	mattpurpur	● 1000	320.—	680.—				
141 w R.	5		1000	260.—	540.—				
			● 1000	350.—	630.—				
142 v R.	7	bläul'grün	● 1000	280.—	580.—				
143 v R.	8	grüngrau	● 1000	350.—	740.—				
144 v R.	10	grün	● 1000	360.—	710.—				
144 w R.	10		● 1000	560.—	1200.—				
145 v R.	15	dunkelblau	● 1000	380.—	820.—				
145 w R.	15		1000	310.—	630.—				
			● 1000	360.—	830.—				
146 v R.	20	lilarot	● 1000	380.—	860.—				
146 w R.	20		● 1000	640.—	1440.—				
147 v R.	25	karminrot	● 1000	590.—	1100.—				
147 w R.	25		1000	410.—	920.—				
			● 1000	450.—	980.—				
152 w R.	70	pur'violett	● 1000	2150.—	5100.—				
152 wKR.	70		● 1000	2000.—	4250.—				
187 w R.	8	orangerot	1000	250.—	540.—				
			● 1000	320.—	720.—				

Gültig bis 31. 12. 1964.

1959. Freim.-Ausg. Bundespräsident Heuss

di) Prof. Dr. Theodor Heuss (31. 1. 1884–12. 12. 1963), 1. Bundespräsident

Heuss – Einzelmarken, Streifen, Rollenanfänge

MiNr.		Wert Pfg.	Farbe der Wertzeichen	Rollen-größe	Einzelmarke		3er Streifen		5er Streifen		6er Str.		11er Streifen		RA		
					mit g. Nr.	mit u. Nr.	mit g. Nr.	mit u. Nr.	mit g. Nr.	mit u. Nr.	mit g./u.		mit g/u/g	mit u/g/u	als EZM	als 6er Str.	als 11er Str.
182	R.	7	blaugrün	1000	12.–	35.–	25.–	70.–	30.–	90.–	45.–	120.–	90.–	170.–	90.–	240.–	100.–	160.–	230.–
				● 1000														380.–	510.–
183	R.	10	grün	1000	10.–	25.–	26.–	55.–	35.–	70.–	50.–	95.–	100.–	160.–	100.–	200.–	85.–	140.–	210.–
				● 1000														190.–	280.–
184	R.	20	karmin	1000	20.–	20.–	40.–	60.–	60.–	90.–	110.–	90.–	150.–	130.–	200.–	250.–	330.–	250.–	410.–	180.–	430.–	620.–
				● 1000														320.–	490.–
185	R.	40	blau	1000	40.–	40.–	95.–	95.–	140.–	140.–	210.–	410.–	410.–	350.–	590.–	890.–
186	R.	70	blauviolett	1000	95.–	95.–	240.–	240.–	370.–	370.–	530.–	1040.–	1040.–	820.–	1430.–	2180.–

Heuss – Paare mit Ausgleichszähnung

MiNr.		Wert Pfg.	Farbe der Wertzeichen	Rollen-größe	Paare mit Ausgleichszähnung							
					am oberen Markenrand				am unteren Markenrand			
					spitzer Zahn			breiter Zahn		spitzer Zahn		breiter Zahn	
					o. Nr.	mit g. Nr.	mit u. Nr.	o. Nr.	mit g. Nr.	mit u. Nr.	o. Nr.	mit g. Nr.	mit u. Nr.	o. Nr.	mit g. Nr.	mit u. Nr.
182	R.	7	blaugrün	1000						21.–	38.–	38.– 95.–	12.–	23.–	23.– 61.–
				● 1000											
183	R.	10	grün	1000						28.–	36.–	36.– 85.–	17.–	22.–	22.– 52.–
				● 1000											
184	R.	20	karmin	1000						38.–	61.–	115.– 61.–	24.–	37.–	72.– 37.–
				● 1000											
185	R.	40	blau	1000	90.–	120.–	120.–	55.–	72.–	72.–					
186	R.	70	blauviolett	1000	170.–	235.–	235.–	120.–	165.–	165.–					

Heuss – RE 1+4 Lf mit rotem Adlerstempel

MiNr.		Wert Pfg.	Farbe der Wertzeichen	Rollen-größe	Leerfelder mit rotem Adlerstempel		
					RE 1 + 4 Lf		
					geriffelte Gummierung	glatte Gummierung	
					grau	grau	dunkelgelb
182	R.	7	blaugrün	1000 ● 1000	65.—	50.—	45.—
183	R.	10	grün	1000 ● 1000	45.—	40.—	35.—
184	R.	20	karmin	1000 ● 1000	85.—	70.—	90.—
185	R.	40	blau	1000	230.—	220.—	210.—
186	R.	70	blauviolett	1000	550.—	520.—	490.—

Berlin (West)

Heuss – RE 5+4 Lf mit rotem Adlerstempel

MiNr.	Wert Pfg.	Farbe der Wertzeichen	Rollengröße	Leerfelder mit rotem Adlerstempel RE 5 + 4 Lf		
				geriffelte Gummierung	glatte Gummierung	
				grau	grau	dunkelgelb
182	R. 7	blaugrün	1000	770.—	550.—	450.—
			● 1000	950.—	850.—	1050.—
183	R. 10	grün	1000	600.—	500.—	410.—
			● 1000	660.—	630.—	750.—
184	R. 20	karmin	1000	1450.—	1350.—	1200.—
			● 1000	900.—	750.—	1000.—
185	R. 40	blau	1000	1950.—	1850.—	1750.—
186	R. 70	blauviolett	1000	4750.—	4550.—	4250.—

Heuss – RE 11+4 Lf mit rotem Adlerstempel

MiNr.	Wert Pfg.	Farbe der Wertzeichen	Rollengröße	Leerfelder mit rotem Adlerstempel RE 11 + 4 Lf		
				geriffelte Gummierung	glatte Gummierung	
				grau	grau	dunkelgelb
182	R. 7	blaugrün	1000	1100.—	780.—	640.—
			● 1000	1400.—	1200.—	1550.—
183	R. 10	grün	1000	850.—	720.—	590.—
			● 1000	950.—	900.—	1100.—
184	R. 20	karmin	1000	2100.—	1950.—	1750.—
			● 1000	1300.—	1100.—	1450.—
185	R. 40	blau	1000	2800.—	2650.—	2500.—
186	R. 70	blauviolett	1000	6800.—	6500.—	6100.—

Heuss – Amtliche Flickstellen

MiNr.	Wert Pfg.	Farbe der Wertzeichen	Rollengröße	Amtliche Flickstellen			
				11er-Streifen	RA als 11er-Streifen	RE 11 + 4 Lf		
						geriffelte Gumm.	glatte Gummierung	
						grau	grau	dunkelgelb
182	R. 7	blaugrün	1000	170.—	390.—			
			● 1000	280.—	670.—			
183	R. 10	grün	1000	190.—	350.—			
			● 1000	250.—	440.—			
184	R. 20	karmin	1000	350.—	790.—			
			● 1000	280.—	610.—			
185	R. 40	blau	1000	540.—	1100.—			
186	R. 70	blauviolett	1000	1500.—	2900.—			

Auflagen: Nr. 182 = 4 100, Nr. 183 = 79 500, Nr. 184 = 15 500, Nr. 185 = 2 000, Nr. 186 = 1 500 Rollen. *Gültig bis 31.12.1964.*

1961. Freim.-Ausg. Bedeutende Deutsche

dw) Albertus Magnus, Graf von Bollstädt
(um 1193 bis 1280), Gelehrter

dx) Hl. Elisabeth von Thüringen
(1207-1231), Landgräfin

dy) Johannes Gutenberg (Gensfleisch)
(um 1400-1468), Erfinder des Buchdrucks

dz) Albrecht Dürer (1471 bis 1528), Maler

ea) Martin Luther (1483 bis 1546),
Reformator

eb) Johann Sebastian Bach (1685-1750),
Komponist

ec) Johann Balthasar Neumann
(1687 bis 1753), Baumeister

ee) Gotthold Ephraim Lessing
(1729-1781), Dichter

eh) Ludwig van Beethoven
(1770-1827), Komponist

Bedeutende Deutsche – Einzelmarken, Streifen, Rollenanfänge

MiNr.	Wert Pfg.	Farbe der Wertzeichen	Rollen- größe	Einzelmarke		3er Streifen		5er Streifen		6er Str.	11er Streifen		RA		
				mit g.Nr.	mit u.Nr.	mit g.Nr.	mit u.Nr.	mit g.Nr.	mit u.Nr.	mit g./u.	mit g/u/g	mit u/g/u	als EZM	als 6erStr.	als 11erStr.
199	R.	5	dkl'br'oliv	1000	2.20	2.20	5.—	5.—	6.—	6.—	8.50	15.—	15.—	18.—	32.—	40.—
200	R.	7	gelbbraun	1000	58.—	58.—	110.—	110.—	140.—	140.—	220.—	410.—	410.—	490.—	760.—	1080.—
201	R.	8	bläul'violett	1000	5.—	5.—	9.50	9.50	11.—	11.—	18.—	34.—	34.—	40.—	60.—	85.—
202	R.	10	dkl'grauoliv b. dkl'grünol.	1000	8.—	8.—	18.—	18.—	25.—	25.—	36.—	70.—	70.—	70.—	115.—	160.—
203	R.	15	hellblau bis grünlichblau	500	15.—	8.—	32.—	17.—	40.—	22.—	55.—	110.—	90.—	85.—	130.—	210.—
				1000	10.—	10.—	19.—	19.—	25.—	25.—	40.—	80.—	80.—	90.—	140.—	190.—
204	R.	20	dkl'br'rot bis bräunl'kar.	1000	15.—	15.—	36.—	36.—	50.—	50.—	70.—	140.—	140.—	210.—	310.—	
				● 1000		170.—		240.—		300.—	370.—	460.—	750.—	125.—	950.—	1350.—
205	R.	25	dkl'or.-br'or.	1000	15.—	15.—	32.—	32.—	40.—	40.—	65.—	120.—	120.—	130.—	210.—	300.—
207	R.	40	dkl'blau	1000	20.—	20.—	45.—	45.—	60.—	60.—	90.—	170.—	170.—	170.—	270.—	390.—
				● 1000		120.—		220.—		270.—	330.—	450.—	690.—		850.—	1200.—
210	R.	70	dkl'grün	1000	32.—	32.—	60.—	60.—	80.—	80.—	120.—	230.—	230.—	280.—	430.—	610.—

Berlin (West)

Bedeutende Deutsche – Paare mit Ausgleichszähnung

MiNr.	Wert Pfg.		Farbe der Wertzeichen	Rollen- größe	Paare mit Ausgleichszähnung											
					am oberen Markenrand						am unteren Markenrand					
					spitzer Zahn			breiter Zahn			spitzer Zahn			breiter Zahn		
					o. Nr.	mit g. Nr.	mit u. Nr.	o. Nr.	mit g. Nr.	mit u. Nr.	o. Nr.	mit g. Nr.	mit u. Nr.	o. Nr.	mit g. Nr.	mit u. Nr.
199	R.	5	dkl'braunoliv	1000							9.50	14.—	14.—	5.50	7.50	7.50
200	R.	7	gelbbraun	1000							65.—	120.—	120.—	46.—	85.—	85.—
201	R.	8	bläul'violett	1000							11.—	19.—	19.—	7.—	12.—	12.—
202	R.	10	dkl'grauoliv b. dkl'grünol.	1000							26.—	41.—	41.—	14.—	23.—	23.—
203	R.	15	hellblau bis grünlichblau	500							30.—	53.—	47.—	17.—	33.—	25.—
				1000								44.—	44.—		27.—	27.—
204	R.	20	dkl'br'rot bis bräunl'kar.	1000							38.—	55.—	55.—	25.—	38.—	38.—
				● 1000									300.—			210.—
205	R.	25	dkl'orange b. br'orange	1000							20.—	42.—	42.—	11.—	24.—	24.—
207	R.	40	dkl'blau	1000	42.—	65.—	65.—	25.—	44.—	44.—						
				1000			220.—			150.—						
210	R.	70	dkl'grün	1000	63.—	95.—	95.—	37.—	65.—	65.—						

Bedeutende Deutsche – RE 1+4 Lf mit rotem Adlerstempel

MiNr.	Wert Pfg.		Farbe der Wertzeichen	Rollen- größe	Leerfelder mit rotem Adlerstempel				
					RE 1 + 4 Lf				
					geriffelte Gumm.	glatte Gummierung			
					grau	grau	dunkelgelb	hellgelb	gelbgrün
199	R.	5	dkl'braunoliv	1000	40.—	35.—	22.—	22.—	18.—
200	R.	7	gelbbraun	1000			135.—	135.—	120.—
201	R.	8	bläul'violett	1000	50.—	47.—	35.—	30.—	26.—
202	R.	10	dkl'grauoliv b. dkl'grünol.	1000	79.—	73.—	54.—	50.—	
203	R.	15	hellblau bis grünlichblau	500	78.—	68.—	71.—	52.—	
				1000					
204	R.	20	dkl'br'rot bis bräunl'kar.	1000	110.—	100.—		78.—	
				● 1000					
205	R.	25	dkl'orange b. br'orange	1000	76.—	67.—	56.—	52.—	54.—
207	R.	40	dkl'blau	1000	117.—	110.—	92.—	79.—	81.—
				● 1000					
210	R.	70	dkl'grün	1000	110.—	92.—	75.—	70.—	77.—

Bedeutende Deutsche – RE 5+4 Lf mit rotem Adlerstempel

MiNr.	Wert Pfg.	Farbe der Wertzeichen	Rollengröße	Leerfelder mit rotem Adlerstempel RE 5 + 4 Lf				
				geriffelte Gumm.	glatte Gummierung			
				grau	grau	dunkelgelb	hellgelb	gelbgrün
199	R. 5	dkl'braunoliv	1000	340.—	290.—	190.—	190.—	150.—
200	R. 7	gelbbraun	1000			1120.—	1120.—	1010.—
201	R. 8	bläul'violett	1000	420.—	390.—	290.—	250.—	220.—
202	R. 10	dkl'grauoliv b. dkl'grünol.	1000	660.—	610.—	450.—	420.—	
203	R. 15	hellblau bis grünlichblau	500 / 1000	650.—	570.—	590.—	430.—	
204	R. 20	dkl'br'rot bis bräunl'kar.	1000 / ●1000	940.—	840.— / 1680.—		650.—	
205	R. 25	dkl'orange b. br'orange	1000	640.—	560.—	470.—	430.—	450.—
207	R. 40	dkl'blau	1000 / ●1000	980.—	910.— / 1470.—	770.— / 1470.—	660.—	680.—
210	R. 70	dkl'grün	1000	910.—	770.—	630.—	590.—	640.—

Bedeutende Deutsche – RE 11+4 Lf mit rotem Adlerstempel

MiNr.	Wert Pfg.	Farbe der Wertzeichen	Rollengröße	Leerfelder mit rotem Adlerstempel RE 11 + 4 Lf				
				geriffelte Gumm.	glatte Gummierung			
				grau	grau	dunkelgelb	hellgelb	gelbgrün
199	R. 5	dkl'braunoliv	1000	480.—	420.—	280.—	280.—	220.—
200	R. 7	gelbbraun	1000			1600.—	1600.—	1450.—
201	R. 8	bläul'violett	1000	610.—	560.—	420.—	360.—	320.—
202	R. 10	dkl'grauoliv b. dkl'grünol.	1000	950.—	870.—	650.—	610.—	
203	R. 15	hellblau bis grünlichblau	500 / 1000	940.—	820.—	850.—	810.— / 620.—	
204	R. 20	dkl'br'rot bis bräunl'kar.	1000 / ●1000	1350.—	1200.— / 2400.—		930.—	
205	R. 25	dkl'orange b. br'orange	1000	920.—	810.—	680.—	620.—	650.—
207	R. 40	dkl'blau	1000 / ●1000	1400.—	1300.— / 2100.—	1100.— / 2100.—	950.—	970.—
210	R. 70	dkl'grün	1000	1300.—	1100.—	910.—	850.—	920.—

Berlin (West)

Bedeutende Deutsche – RE 1+4 Lf ohne roten Adlerstempel

MiNr.	Wert Pfg.	Farbe der Wertzeichen	Rollen- größe	Leerfelder ohne roten Adlerstempel RE 1 + 4 Lf							
				geriffelte Gummierung		glatte Gummierung					
				grau	grau	dkl'gelb	hellgelb	gelbgrün	blaugrün	hellgrau	türkis
199	R. 5	dkl'braunoliv	1000	18.—	13.—	10.—	9.—		6.—	5.—	5.50
200	R. 7	gelbbraun	1000					120.—			
201	R. 8	bläul'violett	1000			17.—	16.—	12.—	13.—	9.—	10.—
202	R. 10	dkl'grauoliv b. dkl'grünol.	1000	49.—	43.—	29.—	26.—	20.—	24.—	18.—	
203	R. 15	hellblau bis grünlichblau	500 1000				41.—	38.—	32.—	36.—	31.—
204	R. 20	dkl'br'rot bis bräunl'kar.	1000 ●1000	70.—	65.—	55.—	52.—	43.—	46.—	40.—	
205	R. 25	dkl'orange bis br'orange	1000	78.—	68.—	58.—	51.—	38.—	43.—	37.—	
207	R. 40	dkl'blau	1000 ●1000				66.—	62.—	48.—	51.—	45.—
210	R. 70	dkl'grün	1000								

Bedeutende Deutsche – RE 5+4 Lf ohne roten Adlerstempel

MiNr.	Wert Pfg.	Farbe der Wertzeichen	Rollen- größe	Leerfelder ohne roten Adlerstempel RE 5 + 4 Lf							
				geriffelte Gummierung		glatte Gummierung					
				grau	grau	dkl'gelb	hellgelb	gelbgrün	blaugrün	hellgrau	türkis
199	R. 5	dkl'braunoliv	1000	150.—	110.—	80.—	75.—		52.—	40.—	45.—
200	R. 7	gelbbraun	1000					980.—			
201	R. 8	bläul'violett	1000			140.—	130.—	100.—	110.—	80.—	90.—
202	R. 10	dkl'grauoliv b. dkl'grünol.	1000	410.—	360.—	240.—	220.—	170.—	200.—	150.—	
203	R. 15	hellblau bis grünlichblau	500 1000				340.—	320.—	270.—	300.—	260.—
204	R. 20	dkl'br'rot bis bräunl'kar.	1000 ●1000	590.—	540.—	460.—	430.—	360.—	390.—	340.—	
205	R. 25	dkl'orange bis br'orange	1000	650.—	570.—	480.—	430.—	320.—	360.—	310.—	
207	R. 40	dkl'blau	1000 ●1000				550.—	520.—	400.—	430.—	380.—
210	R. 70	dkl'grün	1000								

Berlin (West)

Bedeutende Deutsche – RE 11+4 Lf ohne roten Adlerstempel

MiNr.	Wert Pfg.	Farbe der Wertzeichen	Rollengröße	Leerfelder ohne roten Adlerstempel RE 11 + 4 Lf						
				geriffelte Gummierung	glatte Gummierung					
				grau	grau	dkl'gelb	hellgelb	gelbgrün	blaugrün	hellgrau	türkis
199	R. 5	dkl'braunoliv	1000	210.—	160.—	110.—	100.—		75.—	55.—	60.—
200	R. 7	gelbbraun	1000					1400.—			
201	R. 8	bläul'violett	1000			190.—	180.—	140.—	160.—	110.—	120.—
202	R. 10	dkl'grauoliv b. dkl'grünol.	1000	580.—	520.—	340.—	310.—	240.—	280.—	210.—	
203	R. 15	hellblau bis grünlichblau	500 / 1000			480.—	460.—	390.—	430.—	380.—	
204	R. 20	dkl'br'rot bis bräunl'kar.	1000 / ●1000	850.—	770.—	660.—	620.—	520.—	560.—	480.—	
205	R. 25	dkl'orange bis br'orange	1000	930.—	810.—	680.—	610.—	460.—	520.—	440.—	
207	R. 40	dkl'blau	1000 / ●1000			780.—	740.—	570.—	610.—	550.—	
210	R. 70	dkl'grün	1000								

Bedeutende Deutsche – Amtliche Flickstellen

MiNr.	Wert Pfg.	Farbe der Wertzeichen	Rollengröße	Amtliche Flickstellen, Leerfelder mit rotem Adlerstempel						
				11er-Streifen	RA als 11er-Streifen	RE 11 + 4 Lf				
						geriffelte Gummier.	glatte Gummierung			
						grau	grau	dunkelgelb	hellgelb	gelbgrün
199	R. 5	dkl'braunoliv	1000	28.—	65.—					
200	R. 7	gelbbraun	1000	580.—	1350.—					
201	R. 8	bläul'violett	1000	55.—	110.—					
202	R. 10	dkl'grauoliv b. dkl'grünol.	1000	110.—	210.—					
203	R. 15	hellblau bis grünlichblau	500 / 1000	160.— / 120.—	290.— / 320.—					
204	R. 20	dkl'br'rot bis bräunl'kar.	1000 / ●1000	250.— / 680.—	420.— / 1600.—					
205	R. 25	dkl'orange b. br'orange	1000	210.—	460.—					
207	R. 40	dkl'blau	1000 / ●1000	310.— / 680.—	540.— / 1500.—					
210	R. 70	dkl'grün	1000	440.—	980.—					

Gültig bis 31. 12. 1970.

Berlin (West)

1965. Freim.-Ausg. Deutsche Bauwerke aus zwölf Jahrhunderten

fo) Wallpavillon des Zwingers in Dresden (Sachsen)

fp) Schloß Tegel in Berlin   fr) Torhalle in Lorsch (Hessen)   fs) Trifels in der Pfalz   fv) Osthofentor in Soest

Deutsche Bauwerke – Einzelmarken, Streifen, Rollenanfänge

MiNr.	Wert Pfg.	Farbe der Wertzeichen	Rollen- größe	Einzelmarke		3er Streifen		5er Streifen		6er Str.	11er Streifen		RA		
				mit g. Nr.	mit u. Nr.	mit g. Nr.	mit u. Nr.	mit g. Nr.	mit u. Nr.	mit g./u.	mit g/u/g	mit u/g/u	als EZM	als 6er Str.	als 11er Str.
242	R.	10	dunkelsiena	1000	4.—	4.—	7.—	7.—	9.—	9.—	15.—	30.—	30.—	35.—	55.—	75.—
243	R.	15	dunkelgrün	500	12.—	12.—	20.—	20.—	25.—	25.—	42.—	75.—	75.—	65.—	110.—	160.—
244	R.	20	dkl'braunrot	1000	10.—	10.—	23.—	23.—	30.—	30.—	45.—	90.—	90.—	90.—	140.—	190.—
245	R.	40	dkl'vio'blau	1000	15.—	15.—	28.—	28.—	40.—	40.—	65.—	120.—	120.—	130.—	205.—	290.—
246	R.	70	russischgrün	1000	35.—	35.—	75.—	75.—	120.—	120.—	170.—	330.—	330.—	300.—	510.—	750.—

Deutsche Bauwerke – Paare mit Ausgleichszähnung

MiNr.	Wert Pfg.	Farbe der Wertzeichen	Rollen- größe	Paare mit Ausgleichszähnung									
				am oberen Markenrand						am unteren Markenrand			
				spitzer Zahn			breiter Zahn			spitzer Zahn		breiter Zahn	
				o. Nr.	mit g. Nr.	mit u. Nr.	o. Nr.	mit g. Nr.	mit u. Nr.	o. Nr.	mit g. Nr.	mit u. Nr.	o. Nr.	mit g. Nr.	mit u. Nr.
242	R.	10	dunkelsiena	1000							17.50	26.—	26.—	7.50	11.—	11.—
243	R.	15	dunkelgrün	500							24.—	43.—	43.—	9.50	16.50	16.50
244	R.	20	dkl'br'rot	1000							29.—	39.—	39.—	14.—	21.—	21.—
245	R.	40	dkl'vio'blau	1000	36.—	48.—	48.—	25.—	33.—	33.—						
246	R.	70	russischgrün	1000	45.—	70.—	70.—	34.—	49.—	49.—						

Deutsche Bauwerke – RE 1+4 Lf

MiNr.	Wert Pfg.	Farbe der Wertzeichen	Rollen- größe	RE 1 + 4 Lf				
				dunkelgelb	hellgelb	blaugrün	hellgrau	türkis
242	R.	10	dunkelsiena	1000	15.—	10.—		6.—	5.—
243	R.	15	dunkelgrün	500	30.—	18.—		12.—	11.—
244	R.	20	dkl'braunrot	1000	40.—	27.—		15.—	14.—
245	R.	40	dkl'vio'blau	1000	50.—	35.—		24.—	22.—
248	R.	70	russischgrün	1000	120.—	100.—		70.—	60.—

Deutsche Bauwerke – RE 5+4 Lf

MiNr.	Wert Pfg.	Farbe der Wertzeichen	Rollen-größe	RE 5 + 4 Lf				
				dunkelgelb	hellgelb	blaugrün	hellgrau	türkis
242 R.	10	dunkelsiena	1000	170.—	120.—		80.—	70.—
243 R.	15	dunkelgrün	500	370.—	230.—		155.—	140.—
244 R.	20	dkl'braunrot	1000	510.—	330.—		210.—	180.—
245 R.	40	dkl'vio'blau	1000	630.—	440.—		290.—	270.—
248 R.	70	russischgrün	1000	1550.—	1250.—		820.—	750.—

Deutsche Bauwerke – RE 11+4 Lf

MiNr.	Wert Pfg.	Farbe der Wertzeichen	Rollen-größe	RE 11 + 4 Lf				
				dunkelgelb	hellgelb	blaugrün	hellgrau	türkis
242 R.	10	dunkelsiena	1000	260.—	190.—		120.—	110.—
243 R.	15	dunkelgrün	500	530.—	340.—		240.—	220.—
244 R.	20	dkl'braunrot	1000	750.—	490.—		320.—	280.—
245 R.	40	dkl'vio'blau	1000	950.—	650.—		450.—	410.—
248 R.	70	russischgrün	1000	2300.—	1700.—		1200.—	1100.—

Deutsche Bauwerke – Amtliche Flickstellen

MiNr.	Wert Pfg.	Farbe der Wertzeichen	Rollen-größe	Amtliche Flickstellen[1]						
				11er-Streifen	RA als 11er-Streifen	RE 11 + 4 Lf				
						dunkelgelb	hellgelb	blaugrün	hellgrau	türkis
242 R.	10	dunkelsiena	1000	50.—	95.—				160.—	140.—
243 R.	15	dunkelgrün	500	95.—	230.—				350.—	320.—
244 R.	20	dkl'braunrot	1000	130.—	320.—				460.—	410.—
245 R.	40	dkl'vio'blau	1000	170.—	450.—				590.—	540.—
248 R.	70	russischgrün	1000	450.—	1100.—				1500.—	1400.—

[1] Es ist bisher nicht bekannt, ob zum damaligen Zeitpunkt die Flickstellen mit einem Rotring um die Banderolen gekennzeichnet waren.

Auflagen: Nr. 242 = 40 000, Nr. 243 = 8 000, Nr. 244 = 11 000, Nr. 245 = 3 500, Nr. 248 = 2 000 Rollen zu 1000; Nr. 243 = 8000 Rollen zu 500 Marken.

Berlin (West)

1966/67. Freim.-Ausg. Brandenburger Tor

hi) Brandenburger Tor

Brandenburger Tor – Einzelmarken, Streifen, Rollenanfänge

MiNr.	Wert Pfg.	Farbe der Wertzeichen	Rollen-größe	Einzelmarke		3er Streifen		5er Streifen		6er Str.	11er Streifen		RA		
				mit g. Nr.	mit u. Nr.	mit g. Nr.	mit u. Nr.	mit g. Nr.	mit u. Nr.	mit g./u.	mit g/u/g	mit u/g/u	als EZM	als 6er Str.	als 11er Str.
286 R.	10	dkl'lila'br.	500	3.50	1.50	6.—	3.—	7.—	4.—	12.—	25.—	20.—	25.—	40.—	60.—
			1000	2.—	2.—	4.—	4.—	5.—	5.—	8.—	15.—	15.—	18.—	30.—	50.—
287 R.	20	dkl'grün	400	5.—	2.—	9.—	4.—	11.—	5.50	16.—	30.—	25.—	30.—	50.—	75.—
			1000	3.—	3.—	6.—	6.—	8.—	8.—	13.—	25.—	25.—	25.—	40.—	60.—
288 R.	30	rot	300	4.—	3.—	7.—	5.50	9.—	7.50	15.—	28.—	25.—	25.—	38.—	60.—
			400	35.—		55.—		65.—		75.—	160.—	110.—	170.—	230.—	360.—
			1000	15.—	15.—	30.—	30.—	45.—	45.—	70.—	125.—	125.—	110.—	180.—	265.—
289 R.	50	preußischbl.	500	22.—	10.—	45.—	27.—	60.—	40.—	90.—	180.—	150.—	120.—	190.—	270.—
			1000	15.—	15.—	30.—	30.—	45.—	45.—	65.—	120.—	120.—	130.—	180.—	280.—
290 R.	100	dkl'blau	500	50.—	50.—	110.—	110.—	180.—	180.—	250.—	480.—	480.—	280.—	490.—	790.—

Brandenburger Tor – Paare mit Ausgleichszähnung

MiNr.	Wert Pfg.	Farbe der Wertzeichen	Rollen-größe	Paare mit Ausgleichszähnung										
				am oberen Markenrand						am unteren Markenrand				
				spitzer Zahn			breiter Zahn			spitzer Zahn			breiter Zahn		
				o. Nr.	mit g. Nr.	mit u. Nr.	o. Nr.	mit g. Nr.	mit u. Nr.	o. Nr.	mit g. Nr.	mit u. Nr.	o. Nr.	mit g. Nr.	mit u. Nr.
286 R.	10	dkl'lilabr.	500							9.50	25.—	25.—	5.—	11.—	11.—
			1000								14.—	14.—		6.50	6.50
287 R.	20	dkl'grün	400							12.—	29.—	29.—	5.50	13.—	13.—
			1000								18.—	18.—		7.—	7.—
288 R.	30	rot	300							13.—	16.—	16.—	6.—	8.—	8.—
			400								120.—	16.—		55.—	8.—
			1000								46.—	46.—		21.—	21.—
289 R.	50	preußischbl.	500							29.—	54.—	54.—	14.—	29.—	29.—
			1000								37.—	37.—		20.—	20.—
290 R.	100	dkl'blau	500							68.—	115.—	115.—	55.—	90.—	90.—

Brandenburger Tor – RE 1+4 Lf

MiNr.	Wert Pfg.	Farbe der Wertzeichen	Rollen-größe	RE 1+4 Lf			
				türkis	hellgrau	Lf ohne Gummierung hellgrau	grün
286 R.	10	dkl'lilabraun	500	3.50			8.—
			1000				
287 R.	20	dunkelgrün	400	4.50			13.—
			1000				
288 R.	30	rot	300	7.—	35.—		16.—
			400				
			1000				
289 R.	50	preuß'blau	500	16.—			35.—
			1000				
290 R.	100	dunkelblau	500	50.—			110.—

Brandenburger Tor – RE 5+4 Lf

MiNr.	Wert Pfg.	Farbe der Wertzeichen	Rollen-größe	RE 5+4 Lf			
				türkis	hellgrau	Lf ohne Gummierung hellgrau	grün
286 R.	10	dkl'lilabraun	500	35.—			60.—
			1000				
287 R.	20	dunkelgrün	400	45.—			95.—
			1000				
288 R.	30	rot	300	70.—	320.—		130.—
			400				
			1000				
289 R.	50	preuß'blau	500	210.—			310.—
			1000				
290 R.	100	dkl'blau	500	630.—			1100.—

Brandenburger Tor – RE 11+4 Lf

MiNr.	Wert Pfg.	Farbe der Wertzeichen	Rollen-größe	RE 11+4 Lf			
				türkis	hellgrau	Lf ohne Gummierung hellgrau	grün
286 R.	10	dkl'lilabraun	500	70.—			120.—
			1000	60.—			110.—
287 R.	20	dunkelgrün	400	90.—			170.—
			1000	80.—			160.—
288 R.	30	rot	300	120.—			220.—
			400				
			1000	210.—	560.—		390.—
289 R.	50	preuß'blau	500	420.—			580.—
			1000	380.—			530.—
290 R.	100	dkl'blau	500	1020.—			1650.—

Brandenburger Tor – Amtliche Flickstellen

MiNr.	Wert Pfg.	Farbe der Wertzeichen	Rollen-größe	Amtliche Flickstellen mit Rotringbanderolen					
				11er-Streifen	RA als 11er-Streifen	RE 11 + 4 Lf			
						türkis	hellgrau	Lf ohne Gummierung hellgrau	grün
286	R. 10	dkl'lilabraun	500	45.—	90.—	140.—			
			1000	35.—	80.—	120.—			
287	R. 20	dkl'grün	400	55.—	95.—	140.—			
			1000	50.—	85.—	130.—			
288	R. 30	rot	300	52.—	80.—	110.—			
			400	220.—	520.—				
			1000	180.—	380.—	470.—			
289	R. 50	preuß'blau	500	260.—	410.—	520.—			
			1000	190.—	430.—	550.—			
290	R. 100	dkl'blau	500	620.—	950.—	1300.—			

Auflagen (Rollen zu 1000): Nr. 286 = 104 000, Nr. 287 = 30 000, Nr. 288 = 15 000, Nr. 289 = 5000 Rollen zu 1000; (Rollen zu 500): Nr. 286 = 77 000, Nr. 289 = 14 000, Nr. 290 = 32 000 Rollen zu 500; (Rollen zu 400): Nr. 287 = 53 000, Nr. 288 = 15 000 Rollen zu 400; (Rollen zu 300): Nr. 288 = 95 000 Rollen zu 300 Marken.

Berlin (West)

1971/73. Freim.-Ausg. Unfallverhütung

mk) Brand durch Streichholz

ml) Defekte Leiter mm) Kreissäge mn) Alkohol am Lenkrad mo) Schutzhelm mp) Defekter Stecker

mr) Nagel im Brett ms) Verkehrssicherheit – Ball vor Auto ms) Verkehrssicherheit – Ball vor Auto mt) Schwebende Last mu) Absperrung

Unfallverhütung – Einzelmarken, Streifen, Rollenanfänge

a. schwarze Zählnummern

MiNr.	Wert Pfg.	Farbe des Wertzeichens	Rollen- größe	Einzelmarke		3er Streifen		5er Streifen		6er Str.	11er Streifen		RA		
				mit g.Nr.	mit u.Nr.	mit g.Nr.	mit u.Nr.	mit g.Nr.	mit u.Nr.	mit g./u.	mit g/u/g	mit u/g/u	als EZM	als 6er Str.	als 11er Str.
402 R.	5	ziegelrot	500	2.20	2.20	5.—	5.—	7.50	7.50	10.50	20.—	20.—	14.—	25.—	40.—
			1000	8.—	8.—	15.—	15.—	19.—	19.—	30.—	55.—	55.—	120.—	300.—	450.—
403A R.	10	siena	500	1.80	1.80	3.50	3.50	5.50	5.50	8.50	16.—	16.—	10.—	20.—	30.—
			1000	3.50	3.50	6.30	6.30	9.—	9.—	13.50	24.50	24.50	17.—	30.—	50.—
404A R.	20	lebh'pur'vio.	400	2.20	2.20	4.—	4.—	6.50	6.50	9.50	18.—	18.—	14.—	23.—	35.—
			1000	6.—	6.—	11.—	11.—	13.50	13.50	21.50	42.—	42.—	50.—	80.—	130.—
405 R.	25	dkl'blaugrün	300	5.—	5.—	12.—	12.—	17.—	17.—	25.—	46.—	46.—	35.—	60.—	90.—
			1000	9.50	9.50	20.—	20.—	28.—	28.—	38.—	70.—	70.—	80.—	120.—	180.—
406A R.	30	karminrot	300	2.50	2.50	5.50	5.50	9.—	9.—	12.50	23.—	23.—	16.—	28.—	45.—
			1000	9.50	9.50	22.—	22.—	29.—	29.—	40.—	75.—	75.—	70.—	120.—	190.—
407A R.	40	dkl'rosalila	200	3.20	3.20	7.50	7.50	11.50	11.50	16.—	31.—	31.—	18.—	32.—	50.—
			1000	8.—	8.—	17.50	17.50	23.—	23.—	34.—	62.—	62.—	60.—	105.—	170.—
408 R.	50	grünl'blau	500	10.50	10.50	25.—	25.—	40.—	40.—	55.—	105.—	105.—	90.—	160.—	230.—
409 R.	60	violettblau	500	10.—	10.—	24.—	24.—	38.—	38.—	52.—	100.—	100.—	80.—	140.—	200.—
410 R.	100	dkl'braunoliv	500	13.—	13.—	28.—	28.—	43.—	43.—	62.—	115.—	115.—	100.—	165.—	240.—
411 R.	150	mit'rotbraun	500	32.—	32.—	70.—	70.—	110.—	110.—	150.—	270.—	270.—	200.—	360.—	550.—
453 R.	70	violettblau/ dkl'blaugrün	500	9.50	9.50	22.—	22.—	32.—	32.—	45.—	85.—	85.—	70.—	120.—	180.—

Berlin (West)

Unfallverhütung – Einzelmarken, Streifen, Rollenanfänge
b. rote Zählnummern

MiNr.	Wert Pfg.	Farbe der Wertzeichen	Rollen-größe	Einzelmarke mit g. Nr.	Einzelmarke mit u. Nr.	3er Streifen mit g. Nr.	3er Streifen mit u. Nr.	5er Streifen mit g. Nr.	5er Streifen mit u. Nr.	6er Str. mit g./u.	11er Streifen mit g/u/g	11er Streifen mit u/g/u	RA als EZM	RA als 6er Str.	RA als 11er Str.
407 A R.	40	dkl'rosalila	200	6.50	6.50	12.—	12.—	16.—	16.—	25.—	50.—	50.—	40.—	65.—	90.—
408 R.	50	grünlichbl.	500	16.—	16.—	35.—	35.—	53.—	53.—	75.—	140.—	140.—	120.—	200.—	290.—
410 R.	100	dkl'br'oliv	500	20.—	20.—	45.—	45.—	65.—	65.—	95.—	170.—	170.—	150.—	250.—	360.—
453 R.	70	violettblau/dkl'blaugrün	500	11.—	11.—	25.—	25.—	35.—	35.—	50.—	95.—	95.—	90.—	140.—	200.—

Unfallverhütung – Einzelmarken, Streifen, Rollenanfänge
c. grüne Zählnummern

MiNr.	Wert Pfg.	Farbe	Rollen	EM g.Nr.	EM u.Nr.	3er g.Nr.	3er u.Nr.	5er g.Nr.	5er u.Nr.	6er g./u.	11er g/u/g	11er u/g/u	RA EZM	RA 6er	RA 11er
404 A R.	20	lebh'pur'vio.	400	3.50	3.50	7.50	7.50	10.—	10.—	14.50	26.—	26.—	24.—	38.—	55.—
406 A R.	30	karminrot	300	8.50	8.50	18.50	18.50	24.—	24.—	35.—	65.—	65.—	55.—	90.—	135.—
407 A R.	40	dkl'rosalila	200	8.—	8.—	17.50	17.50	22.—	22.—	30.—	55.—	55.—	50.—	80.—	115.—

Unfallverhütung – Einzelmarken, Streifen, Rollenanfänge
d. blaue Zählnummern

MiNr.	Wert Pfg.	Farbe	Rollen	EM g.Nr.	EM u.Nr.	3er g.Nr.	3er u.Nr.	5er g.Nr.	5er u.Nr.	6er g./u.	11er g/u/g	11er u/g/u	RA EZM	RA 6er	RA 11er
403 A R.	10	siena	500	3.50	3.50	6.50	6.50	9.50	9.50	14.—	25.—	25.—	22.—	35.—	55.—
404 A R.	20	lebh'pur'vio.	400	6.—	6.—	9.50	9.50	14.—	14.—	22.—	40.—	40.—	39.—	60.—	85.—
408 R.	50	grünlichblau	500	18.—	18.—	42.—	42.—	60.—	60.—	85.—	160.—	160.—	170.—	260.—	360.—
410 R.	100	dkl'braunoliv	500	19.—	19.—	42.—	42.—	59.—	59.—	83.—	155.—	155.—	165.—	250.—	350.—
453 R.	70	violettblau/dkl'blaugrün	500	12.—	12.—	27.—	27.—	39.—	39.—	56.—	105.—	105.—	95.—	155.—	220.—

Unfallverhütung – Paare mit Ausgleichszählung
a. schwarze Zählnummern

MiNr.	Wert Pfg.	Farbe der Wertzeichen	Rollen-größe	am oberen Markenrand spitzer Zahn o. Nr.	am oberen Markenrand spitzer Zahn mit g. Nr.	am oberen Markenrand spitzer Zahn mit u. Nr.	am oberen Markenrand breiter Zahn o. Nr.	am oberen Markenrand breiter Zahn mit g. Nr.	am oberen Markenrand breiter Zahn mit u. Nr.	am unteren Markenrand spitzer Zahn o. Nr.	am unteren Markenrand spitzer Zahn mit g. Nr.	am unteren Markenrand spitzer Zahn mit u. Nr.	am unteren Markenrand breiter Zahn o. Nr.	am unteren Markenrand breiter Zahn mit g. Nr.	am unteren Markenrand breiter Zahn mit u. Nr.
402 R.	5	ziegelrot	500							7.—	11.—	11.—	3.50	5.50	5.50
402 R.	5	ziegelrot	1000								130.—	130.—		15.—	15.—
403 A R.	10	siena	500							6.—	8.50	8.50	2.50	3.20	3.20
403 A R.	10	siena	1000								12.—	12.—		5.20	5.20
404 A R.	20	lebh'pur'vio.	400	26.—	39.—	39.—	16.—	22.—	22.—	5.—	5.80	5.80	3.—	4.50	4.50
404 A R.	20	lebh'pur'vio.	1000								22.—	22.—		13.—	13.—
405 R.	25	dkl'bl'grün	300							14.—	21.—	21.—	5.50	9.50	9.50
405 R.	25	dkl'bl'grün	1000								36.—	36.—		16.50	16.50
406 A R.	30	karminrot	300							9.—	14.50	14.50	4.—	5.50	5.50
406 A R.	30	karminrot	1000								42.—	42.—		19.—	19.—
407 A R.	40	dkl'rosa	200							11.—	14.—	14.—	4.50	6.—	6.—
407 A R.	40	dkl'rosa	1000								32.—	32.—		16.—	16.—

Unfallverhütung – Paare mit Ausgleichszähnung (Fortsetzung) — a. schwarze Zählnummern

MiNr.	Wert Pfg.	Farbe der Wertzeichen	Rollen- größe	Paare mit Ausgleichszähnung — a. schwarze Zählnummern									
				am oberen Markenrand						am unteren Markenrand			
				spitzer Zahn			breiter Zahn			spitzer Zahn			breiter Zahn	
				o. Nr.	mit g. Nr.	mit u. Nr.	o. Nr.	mit g. Nr.	mit u. Nr.	o. Nr.	mit g. Nr.	mit u. Nr.	o. Nr.	mit g. Nr.	mit u. Nr.
408	R. 50	grünlichblau	500							38.—	45.—	45.—	19.—	25.—	25.—
409	R. 60	violettblau	500							30.—	36.—	36.—	16.—	23.—	23.—
410	R. 100	dkl'braunoliv	500							25.—	37.—	37.—	15.—	21.—	21.—
411	R. 150	mit'rotbraun	500							70.—	110.—	110.—	40.—	60.—	60.—
453	R. 70	violettblau/ dkl'blaugrün	500							42.—	65.—	65.—	7.50	12.—	12.—

Unfallverhütung – Paare mit Ausgleichszähnung — b. rote Zählnummern

MiNr.	Wert Pfg.	Farbe der Wertzeichen	Rollen- größe	Paare mit Ausgleichszähnung — b. rote Zählnummern									
				am oberen Markenrand						am unteren Markenrand			
				spitzer Zahn			breiter Zahn			spitzer Zahn			breiter Zahn	
				o. Nr.	mit g. Nr.	mit u. Nr.	o. Nr.	mit g. Nr.	mit u. Nr.	o. Nr.	mit g. Nr.	mit u. Nr.	o. Nr.	mit g. Nr.	mit u. Nr.
407 A	R. 40	dkl'rosalila	200							11.—	17.—	17.—	4.50	8.—	8.—
408	R. 50	grünlichbl.	500							38.—	51.—	51.—	19.—	39.—	39.—
410	R. 100	dkl'br'oliv	500							25.—	44.—	44.—	15.—	31.—	31.—
453	R. 70	violettblau/ dkl'blaugrün	500							42.—	95.—	95.—	7.50	17.—	17.—

Unfallverhütung – Paare mit Ausgleichszähnung — c. grüne Zählnummern

404 A	R. 20	lebh'pur'vio.	400							5.—	9.—	9.—	3.—	6.—	6.—
406 A	R. 30	karminrot	300							9.—	17.50	17.50	4.—	7.—	7.—
407 A	R. 40	dkl'rosalila	200							11.—	27.—	27.—	4.50	9.80	9.80

Unfallverhütung – Paare mit Ausgleichszähnung — d. blaue Zählnummern

403 A	R. 10	siena	500							6.—	11.—	11.—	2.50	4.60	4.60
404 A	R. 20	lebh'pur'vio.	400							5.—	15.50	15.50	3.—	6.50	6.50
408	R. 50	grünlichblau	500							38.—	65.—	65.—	19.—	60.—	60.—
410	R. 100	dkl'braunoliv	500							25.—	45.—	45.—	15.—	38.—	38.—
453	R. 70	violettblau/ dkl'blaugrün	500							42.—	85.—	85.—	7.50	16.—	16.—

Unfallverhütung – RE 1+4 Lf — ohne Zählnummern

MiNr.	Wert Pfg.	Farbe der Wertzeichen	Rollengröße	türkis	grün	grün x. m. Planatolgummierung	helltürkis
402 R.	5	ziegelrot	500 / 1000	35.—	7.—		
403A R.	10	siena	500 / 1000	45.—	5.50	8.—	4.50
404A R.	20	lebh'pur'vio.	400 / 1000	110.—	4.50	8.—	4.—
405 R.	25	dkl'bl'grün	300 / 1000	18.—	12.—		
406A R.	30	karminrot	300 / 1000	45.—	7.50	9.—	7.—
407A R.	40	dkl'rosalila	200 / 1000	80.—	7.50	9.—	7.—
408 R.	50	grünlichblau	500	90.—	30.—	35.—	30.—
409 R.	60	violettblau	500	35.—	25.—		
410 R.	100	dkl'braunoliv	500		30.—	35.—	30.—
411 R.	150	mit'rotbraun	500	130.—	55.—		
453 R.	70	violettblau/ dkl'bl'grün	500	120.—	25.—	30.—	21.—

Unfallverhütung – RE 5+4 Lf — a. schwarze Zählnummern

MiNr.	Wert Pfg.	Farbe der Wertzeichen	Rollengröße	türkis	grün	grün x. m. Planatolgummierung	helltürkis
402 R.	5	ziegelrot	500 / 1000	240.—	40.—		
403A R.	10	siena	500 / 1000	380.—	35.—	50.—	30.—
404A R.	20	lebh'pur'vio.	400 / 1000	790.—	30.—	50.—	25.—
405 R.	25	dkl'blaugrün	300 / 1000	120.—	80.—		
406A R.	30	karminrot	300 / 1000	380.—	50.—	65.—	45.—

Unfallverhütung – RE 5+4 Lf

a. schwarze Zählnummern

MiNr.	Wert Pfg.	Farbe der Wertzeichen	Rollengröße	RE 5 + 4 Lf a. schwarze Zählnummern			
				türkis	grün	grün x. m. Planatolgummierung	helltürkis
407 A R.	40	dkl'rosalila	200 / 1000	600.—	50.—	65.—	40.—
408 R.	50	grünlichblau	500	650.—	180.—	210.—	160.—
409 R.	60	violettblau	500	250.—	160.—		
410 R.	100	dkl'braunoliv	500		180.—	220.—	160.—
411 R.	150	mit'rotbraun	500	900.—	450.—		
453 R.	70	violettblau/ dkl'blaugrün	500	850.—	160.—	180.—	140.—

Unfallverhütung – RE 5+4 Lf

b. rote Zählnummern

MiNr.	Wert Pfg.	Farbe der Wertzeichen	Rollengröße	RE 5 + 4 Lf b. rote Zählnummern			
				türkis	grün	grün x. m. Planatolgummierung	helltürkis
407 A R.	40	dkl'rosalila	200		85.—	75.—	
408 R.	50	grünlichbl.	500		210.—	230.—	
410 R.	100	dkl'br'oliv.	500		290.—	310.—	800.—
453 R.	70	violettblau/ dkl'blaugrün	500		160.—	240.—	

Unfallverhütung – RE 5+4 Lf

c. grüne Zählnummern

404 A R.	20	lebh'pur'vio.	400		70.—	55.—	680.—
406 A R.	30	karminrot	300		140.—	120.—	
407 A R.	40	dkl'rosalila	200		170.—	100.—	

Unfallverhütung – RE 5+4 Lf

d. blaue Zählnummern

403 A R.	10	siena	500		60.—	50.—	
404 A R.	20	lebh'pur'vio.	400	1250.—	85.—	70.—	
408 R.	50	grünl'blau	500		350.—	370.—	
410 R.	100	dkl'braunoliv	500		260.—	290.—	410.—
453 R.	70	violettblau/ dkl'blaugrün	500		170.—	210.—	

Berlin (West) 81

Unfallverhütung – RE 11+4 Lf — a. schwarze Zählnummern

MiNr.	Wert Pfg.	Farbe der Wertzeichen	Rollen-größe	RE 11 + 4 Lf a. schwarze Zählnummern			
				türkis	grün	x. m. Planatolgummierung grün	helltürkis
402 R.	5	ziegelrot	500	380.—	65.—		
			1000	950.—	680.—		
403 A R.	10	siena	500	590.—	55.—	70.—	50.—
			1000		90.—	65.—	
404 A R.	20	lebh'pur'vio.	400		50.—	75.—	45.—
			1000	1200.—	260.—		
405 R.	25	dkl'blaugrün	300	180.—	140.—		
			1000	430.—	550.—		
406 A R.	30	karminrot	300	550.—	70.—	90.—	65.—
			1000		340.—		
407 A R.	40	dkl'rosalila	200	850.—	80.—	95.—	65.—
			1000	1200.—	230.—		
408 R.	50	grünlichblau	500	950.—	310.—	350.—	280.—
409 R.	60	violettblau	500	390.—	280.—		
410 R.	100	dkl'braunoliv	500	310.—	390.—	290.—	220.—
411 R.	150	mit'rotbraun	500	1350.—	750.—		
453 R.	70	violettblau/dkl'blaugrün	500	1200.—	260.—	290.—	230.—

Unfallverhütung – RE 11+4 Lf — b. rote Zählnummern

MiNr.	Wert Pfg.	Farbe der Wertzeichen	Rollen-größe	RE 11 + 4 Lf b. rote Zählnummern			
				türkis	grün	x. m. Planatolgummierung grün	helltürkis
407 A R.	40	dkl'rosalila	200		150.—	120.—	
408 R.	50	grünlichbl.	500		350.—	390.—	
410 R.	100	dkl'braunoliv	500		440.—	490.—	1150.—
453 R.	70	violettblau/dkl'blaugrün	500		270.—	380.—	

Unfallverhütung – RE 11+4 Lf — c. grüne Zählnummern

404 A R.	20	lebh'pur'vio.	400		110.—	80.—	950.—
406 A R.	30	karminrot	300		220.—	180.—	
407 A R.	40	dkl'rosalila	200		280.—	160.—	

Unfallverhütung – RE 11+4 Lf   d. blaue Zählnummern

MiNr.	Wert Pfg.	Farbe der Wertzeichen	Rollen- größe	RE 11 + 4 Lf			
				b. blaue Zählnummern			
						x. m. Planatol- gummierung	
				türkis	grün	grün	helltürkis
403 A R.	10	siena	500		95.—	80.—	
404 A R.	20	lebh'pur'vio.	400	1600.—	140.—	110.—	
408 R.	50	grünl'blau	500		500.—	530.—	
410 R.	100	dkl'braunoliv	500		420.—	460.—	650.—
453 R.	70	violettblau/ dkl'blaugrün	500		290.—	330.—	

Unfallverhütung – Amtliche Flickstellen   a. schwarze Zählnummern

MiNr.	Wert Pfg.	Farbe der Wertzeichen	Rollen- größe	Amtliche Flickstellen mit Rotringbanderolen				
				11er-Streifen	RA als 11er-Streifen	a. schwarze Zählnummern		
						RE 11 + 4 Lf		
							x. mit Planatol- gummierung	
						türkis	grün	grün	helltürkis
402 R.	5	ziegelrot	500	35.—	60.—		90.—	
			1000					
403 A R.	10	siena	500	30.—	45.—		70.—	
			1000	40.—	65.—		85.—	
404 A R.	20	leb'pur'vio.	400	33.—	50.—		75.—	
			1000					
405 R.	25	dkl'blaugrün	300	60.—	90.—		120.—	
			1000					
406 A R.	30	karminrot	300	40.—	65.—		85.—	
			1000					
407 A R.	40	dkl'rosalila	200	45.—	70.—		90.—	
			1000					
408 R.	50	grünlichblau	500	150.—	210.—		270.—	
409 R.	60	violettblau	500	140.—	190.—		240.—	
410 R.	100	dkl'braunoliv	500	155.—	220.—		260.—	
411 R.	150	mit'rotbraun	500	390.—	820.—		1200.—	
453 R.	70	violettblau/ dkl'blaugrün	500	120.—	160.—		220.—	

Berlin (West)

Unfallverhütung – Amtliche Flickstellen   b. rote Zählnummern

MiNr.	Wert Pfg.	Farbe der Wertzeichen	Rollengröße	Amtliche Flickstellen mit Rotringbanderolen b. rote Zählnummern					
				11er-Streifen	RA als 11er-Streifen	RE 11 + 4 Lf		
						türkis	grün	x. mit Planatolgummierung grün	helltürkis
407 A R.	40	dkl'rosalila	200	75.—	130.—		160.—		
408 R.	50	grünlichblau	500	180.—	350.—		440.—		
410 R.	100	dkl'braunoliv	500	240.—	430.—		580.—		
453 R.	70	violettblau/ dkl'blaugrün	500	130.—	280.—		370.—		

Unfallverhütung – Amtliche Flickstellen   c. grüne Zählnummern

404 A R.	20	lebh'pur'vio.	400	50.—	85.—		120.—		
406 A R.	30	karminrot	300	90.—	160.—		220.—		
407 A R.	40	dkl'rosalila	200	80.—	150.—		210.—		

Unfallverhütung – Amtliche Flickstellen   d. blaue Zählnummern

403 A R.	10	siena	500	40.—	75.—		110.—		
404 A R.	20	lebh'pur'vio.	400	60.—	120.—		150.—		
408 R.	50	grünlichblau	500	220.—	430.—		590.—		
410 R.	100	dkl'braunoliv	500	210.—	420.—		570.—		
453 R.	70	violettblau/ dkl'blaugrün	500	130.—	290.—		390.—		

Berlin (West)

1977/80. Freim.-Ausg. Burgen und Schlösser

so) Schloß Glücksburg   sp) Schloß Pfaueninsel, Berlin   sr) Burg Ludwigstein, Werratal   ss) Burg Eltz   st) Schloß Neuschwanstein

su) Marksburg   vx) Schloß Rheydt   sv) Wasserschloß Mespelbrunn   sw) Schloß Bürresheim   ux) Burg Gemen

uy) Burg Vischering   uz) Schwanenburg, Kleve   va) Burg Lichtenberg   wa) Renaissance-Schloß Wolfsburg   wb) Wasserschloß Inzlingen

Burgen und Schlösser – Einzelmarken, Streifen, Rollenanfänge

MiNr.	Wert Pfg.	Farbe der Wertzeichen	Rollen- größe	Einzelmarke		3er Streifen		5er Streifen		6er Str.	11er Streifen		RA		
				mit g. Nr.	mit u. Nr.	mit g. Nr.	mit u. Nr.	mit g. Nr.	mit u. Nr.	mit g./u.	mit g/u/g	mit u/g/u	als EZM	als 6er Str.	als 11er Str.
532 A R.	10	schw'violett	500	0.35	0.35	0.80	0.80	1.20	1.20	1.80	3.50	3.50	2.—	3.60	5.50
533 R.	20	rotorange	500	0.50	0.50	1.20	1.20	1.80	1.80	2.50	5.—	5.—	2.30	4.50	7.—
534 A R.	30	mit'olivbraun	300	0.80	0.80	1.60	1.60	2.50	2.50	3.50	6.50	6.50	1.80	4.70	8.—
			500	1.—	1.—	1.90	1.90	2.80	2.80	4.—	7.50	7.50	2.50	5.30	9.—
535 R.	40	blaugrün	200	1.40	1.40	3.80	3.80	6.20	6.20	7.80	14.50	14.50	4.50	11.—	18.—
			500	1.80	1.80	4.20	4.20	6.80	6.80	8.80	16.—	16.—	5.50	13.—	24.—
536 A R.	50	dkl'kar'lila	500	1.70	1.70	4.30	4.30	7.—	7.—	9.20	18.—	18.—	5.20	12.50	20.—
537 R.	60	dkl'olivbraun	300	2.—	2.—	5.10	5.10	8.30	8.30	11.—	19.50	19.50	6.—	14.50	24.—
			500	2.60	2.60	6.—	6.—	9.30	9.30	12.20	22.—	22.—	7.—	16.50	26.—
538 R.	70	mittelblau	300	3.20	3.20	7.—	7.—	10.80	10.80	14.50	26.—	26.—	12.—	24.—	38.—
539 R.	190	d'bräunl'rot	300	5.40	5.40	13.—	13.—	21.—	21.—	27.—	50.—	50.—	16.—	38.—	62.—
540 R.	200	dkl'olivgrün	300	4.50	4.50	12.—	12.—	19.50	19.50	25.—	45.—	45.—	13.—	33.—	55.—
587 R.	25	lebhaftrot	300	1.10	1.10	2.20	2.20	3.20	3.20	4.50	8.—	8.—	4.50	8.—	13.—
588 R.	90	violett	500	1.90	1.90	5.—	5.—	7.20	7.20	10.50	19.50	19.50	6.50	15.—	25.50
589 R.	210	rotbraun	500	4.50	4.50	11.—	11.—	16.—	16.—	23.—	43.—	43.—	14.—	32.—	56.—
590 R.	230	schw'bl'grau	300	4.80	4.80	12.—	12.—	17.50	17.50	25.—	47.—	47.—	15.—	35.—	61.—
611 A R.	60	karmin	300	1.20	1.20	3.—	3.—	4.50	4.50	6.—	11.50	11.50	3.40	8.—	14.—
			500	1.30	1.30	3.50	3.50	5.30	5.30	7.20	13.50	13.50	5.—	10.70	18.—
614 R.	40	dkl'braun	200	0.90	0.90	2.—	2.—	3.20	3.20	4.50	8.50	8.50	2.20	5.80	10.—
			500	1.10	1.10	2.30	2.30	3.50	3.50	5.—	9.50	9.50	3.30	7.10	12.—
615 A R.	50	gelblichgrün	500	1.10	1.10	2.40	2.40	3.80	3.80	5.50	10.50	10.50	3.80	8.20	13.50

Berlin (West)

Burgen und Schlösser – Paare mit Ausgleichszähnung

MiNr.	Wert Pfg.	Farbe der Wertzeichen	Rollen- größe	Paare mit Ausgleichszähnung									
				am oberen Markenrand				am unteren Markenrand			
				spitzer Zahn		breiter Zahn		spitzer Zahn		breiter Zahn	
				o. Nr.	mit g. Nr.	mit u. Nr.	o. Nr.	mit g. Nr.	mit u. Nr.	o. Nr.	mit g. Nr.	mit u. Nr.
532 A R.	10	schw'violett	500						1.60	2.—	2.—	1.20	1.50	1.50
533 R.	20	rotorange	500						2.—	2.90	2.90	1.40	1.70	1.70
534 A R.	30	mit'olivbraun	300						1.80	2.20	2.20	1.40	1.60	1.60
			500							2.80	2.80		2.10	2.10
535 R.	40	blaugrün	200						4.—	5.—	5.—	3.—	3.50	3.50
			500							6.50	6.50		4.50	4.50
536 A R.	50	dkl'kar'lila	500						4.50	6.20	6.20	3.50	4.60	4.60
537 R.	60	dkl'olivbraun	300	12.—	22.—	22.—	9.—	14.—	14.—	5.50	6.50	6.50	4.20	5.—	5.—
			500							8.—	8.—		6.—	6.—
538 R.	70	mittelblau	500						5.30	6.50	6.50	4.50	5.80	5.80
539 R.	190	dkl'bräunl'rot	300						12.—	16.—	16.—	8.50	10.50	10.50
540 R.	200	dkl'olivgrün	300						11.—	15.—	15.—	8.—	10.—	10.—
587 R.	25	lebhaftrot	300									2.10	3.20	3.20
588 R.	90	violett	500						6.50	8.50	8.50	4.—	5.30	5.30
589 R.	210	rotbraun	300						12.—	15.—	15.—	9.20	11.50	11.50
590 R.	230	schw'bl'grün	300						11.—	14.—	14.—	8.90	11.—	11.—
611 A R.	60	karmin	300						3.40			2.60		
			500							4.50	4.50		3.50	3.50
614 R.	40	dkl'braun	200						4.80	5.60	5.60	1.90	2.30	2.30
			500							7.—	7.—		2.80	2.80
615 A R.	50	gelblichgrün	500						4.50	5.50	5.50	2.60	3.10	3.10

Burgen und Schlösser – RE 1+4 Lf

MiNr.	Wert Pfg.	Farbe der Wertzeichen	Rollen- größe	RE 1 + 4 Lf				
						x. mit Planatol- gummierung		
				türkis	grün	grün	helltürkis	gelbtürkis
532 A R.	10	schw'violett	500		6.—	12.—	1.50	1.50
533 R.	20	rotorange	500		7.—	8.50	1.60	1.70
534 A R.	30	mit'olivbraun	300	35.—	8.—	8.50	1.70	1.80
			500					
535 R.	40	blaugrün	200		8.50	11.—	1.80	4.—
			500					
536 A R.	50	dkl'kar'lila	500	30.—	9.—	11.—	2.50	4.—
537 R.	60	dkl'olivbraun	300		10.—	15.—	2.50	8.50
			500					
538 R.	70	mittelblau	500	50.—	15.—	18.—	4.—	
539 R.	190	dkl'bräunl'rot	300		26.—		6.—	
540 R.	200	dkl'olivgrün	300		13.—	16.—	7.—	8.—

Burgen und Schlösser – RE 1+4 Lf

MiNr.		Wert Pfg.	Farbe der Wertzeichen	Rollengröße				
587	R.	25	lebhaftrot	300			2.—	4.—
588	R.	90	violett	500	16.—		3.50	
589	R.	210	rotbraun	300			6.—	
590	R.	230	schw'bl'grün	300	17.—	18.—	6.—	9.—
611 A R.		60	karmin	300			4.—	2.50
				500				
614	R.	40	dunkelbraun	200	16.—		2.80	1.80
				500				
615 A R.		50	gelblichgrün	300			4.—	2.—

Burgen und Schlösser – RE 5+4 Lf

MiNr.	Wert Pfg.	Farbe der Wertzeichen	Rollengröße	RE 5 + 4 Lf		x. mit Planatolgummierung		
				türkis	grün	grün	helltürkis	gelbtürkis
532 A R.	10	schw'violett	500		42.—	80.—	5.—	5.—
533 R.	20	rotorange	500		45.—	55.—	5.50	6.50
534 A R.	30	mit'olivbraun	300	460.—	50.—	55.—	6.50	8.50
			500					
535 R.	40	blaugrün	200		55.—	75.—	9.—	17.—
			500					
536 A R.	50	dkl'kar'lila	500	380.—	60.—	75.—	14.—	18.—
537 R.	60	dkl'olivbraun	300		70.—	100.—	13.—	55.—
			500					
538 R.	70	mittelblau	500	600.—	100.—	130.—	30.—	
539 R.	190	dkl'bräunl'rot	300		320.—		40.—	
540 R.	200	dkl'olivgrün	300		90.—	110.—	45.—	50.—
587 R.	25	lebhaftrot	300				10.—	18.—
588 R.	90	violett	500		110.—		23.—	
589 R.	210	rotbraun	300				40.—	
590 R.	230	schw'bl'grün	300		120.—	130.—	40.—	60.—
611 A R.	60	karmin	300				18.—	12.—
			500					
614 R.	40	dunkelbraun	200		110.—		14.—	8.—
			500					
615 A R.	50	gelblichgrün	500				17.—	10.—

Burgen und Schlösser – RE 11+4 Lf

MiNr.	Wert Pfg.	Farbe der Wertzeichen	Rollengröße	RE 11 + 4 Lf				
						x. mit Planatolgummierung		
				türkis	grün	grün	helltürkis	gelbtürkis
532 A R.	10	schw'violett	500		55.—	105.—	7.—	7.—
533 R.	20	rotorange	500		60.—	75.—	8.—	10.—
534 A R.	30	mit'olivbraun	300	650.—	65.—	70.—	10.—	15.—
			500					
535 R.	40	blaugrün	200		70.—	95.—	14.—	25.—
			500					
536 A R.	50	dkl'kar'lila	500	510.—	75.—	100.—	20.—	30.—
537 R.	60	dkl'olivbraun	300		95.—	130.—	20.—	80.—
			500					
538 R.	70	mittelblau	500	850.—	130.—	160.—	55.—	
539 R.	190	dkl'bräunl'rot	300		450.—		65.—	
540 R.	200	dkl'olivgrün	300		125.—	150.—	70.—	85.—
587 R.	25	lebhaftrot	300				10.—	25.—
588 R.	90	violett	500		110.—		35.—	
589 R.	210	rotbraun	300				70.—	
590 R.	230	schw'bl'grün	300		150.—	170.—	70.—	95.—
611 A R.	60	karmin	300				30.—	20.—
			500					
614 R.	40	dunkelbraun	200		150.—		22.—	14.—
			500					
615 A R.	50	gelblichgrün	500				25.—	15.—

Burgen und Schlösser – Amtliche Flickstellen

MiNr.	Wert Pfg.	Farbe der Wertzeichen	Rollengröße	Amtliche Flickstellen mit Rotringbanderolen					
				11er-Streifen	RA als 11er-Streifen	RE 11 + 4 Lf			
							x. m. Planatolgummier.		
						türkis	grün	grün	helltürkis	gelbtürkis
532 A R.	10	schw'violett	500	22.—	35.—				50.—	65.—
533 R.	20	rotorange	500	24.—	40.—			120.—	60.—	70.—
534 A R.	30	mit'ol'braun	300	29.—	45.—				55.—	70.—
			500	26.—	40.—				52.—	65.—
535 R.	40	blaugrün	200	35.—	55.—				75.—	85.—
			500	30.—	50.—				70.—	80.—
536 A R.	50	dkl'kar'lila	500	35.—	55.—				75.—	90.—
537 R.	60	dkl'olivbraun	300	50.—	70.—				85.—	170.—
			500	45.—	65.—				80.—	150.—
538 R.	70	mittelblau	500	60.—	85.—				120.—	
539 R.	190	dkl'bräunl'rot	300	85.—	120.—				180.—	
540 R.	200	dkl'olivgrün	300	70.—	110.—				160.—	190.—

Burgen und Schlösser – Amtliche Flickstellen

MiNr.	Wert Pfg.	Farbe der Wertzeichen	Rollengröße	Amtliche Flickstellen mit Rotringbanderolen						
				11er-Streifen	RA als 11er-Streifen	RE 11 + 4 Lf				
						türkis	grün	grün (x. m. Planatolgummier.)	helltürkis	gelbtürkis
587 R.	25	lebhaftrot	300	35.—	70.—				120.—	140.—
588 R.	90	violett	500	45.—	60.—				80.—	
589 R.	210	rotbraun	300	70.—	110.—				150.—	
590 R.	230	schw'bl'grün	300	65.—	100.—				130.—	150.—
611 A R.	60	karmin	300	32.—	50.—				80.—	65.—
611 A R.	60	karmin	500	28.—	45.—				75.—	60.—
614 R.	40	dunkelbraun	200	28.—	45.—				80.—	60.—
614 R.	40	dunkelbraun	500	26.—	40.—				70.—	55.—
615 A R.	50	gelbl'grün	500	30.—	50.—				85.—	65.—

Auflagen (Rollen zu 500): Nr. 535 = 38490, Nr. 536 = 58260, Nr. 537 = 25640 Rollen zu 500; Nr. 535 = 38000 Rollen zu 200; Nr. 537 = 10880 Rollen zu 300 Marken.